EL PRECIO DE LA PAZ ¿POR QUÉ HUBO SESENTA AÑOS DE GUERRA FRÍA EN COLOMBIA?

Una síntesis histórica basada en conversaciones con excombatientes y negociadores

Kilian Wirthwein

EL PRECIO DE LA PAZ ¿POR QUÉ HUBO SESENTA AÑOS DE GUERRA FRÍA EN COLOMBIA?

UNA SÍNTESIS HISTÓRICA BASADA EN CONVERSACIONES CON EXCOMBATIENTES Y NEGOCIADORES

Granada
2024

© KILIAN WIRTHWEIN
© UNIVERSIDAD DE GRANADA
ISBN: 978-84-338-7493-1 • Depósito legal: Gr./1726-2024
Edita: Editorial Universidad de Granada
Campus Universitario de Cartuja
Colegio Máximo, s.n., 18071, Granada
Telf.: 958 243930-246220
www: editorial.ugr.es
Fotocomposición: María José García Sanchis. Granada
Diseño de cubierta: Tarma. Granada
Imprime: Printhaus. Bilbao

Printed in Spain   *Impreso en España*

Dedicado a mi madre,
la persona más buena y brillante que jamás he conocido.

CONTENIDOS

Introducción

> *La política* cambió –nuevos actores, nuevas estructuras, nuevas ideo-
> logías–, pero no dio lugar a una *nueva política,* a un renacimiento de lo
> político. Mucho seguía igual: el pueblo seguía observando los juegos de
> poder de los gobernantes.
>
> Ekkehart Krippendorff, *El arte de no ser gobernado,* 1999, p. 11.

Este libro trata de sintetizar algunos de los motivos principales por los
que, durante los últimos 60 años, ha sido tan persistente el conflicto armado
en Colombia que tuvo sus orígenes en un contexto internacional de Guerra
Fría; pero que ha perdurado muchos años más que la mayoría de los conflictos civiles de la historia.

Al mismo tiempo, se pretende adoptar una mirada histórica que entienda el
conflicto desde tres visiones: las dinámicas globales, las nacionales y las locales.
En conversación con numerosos expertos, académicos, excombatientes de las
guerrillas y negociadores del gobierno, el objetivo principal es el de destilar una
serie de criterios clave y formar una serie de conceptos que nos puedan ayudar a
entender los obstáculos de la paz en Colombia de manera holística, adoptando
una "mirada larga" y de alto nivel que analice los principales procesos de paz con
las principales guerrillas (FARC, EPL, ELN, M19) desde los primeros intentos
serios de llevar a cabo un proceso de paz a partir de los años 80.

Existe una literatura amplia sobre cada proceso de paz, sus actores y dinámicas y varios estudios comparados sobre un determinado proceso de paz
y otro; pero existen pocos libros que se pongan como objetivo comprimir 60
años de historia de diferentes guerrillas en una monografía lo más acotada
posible para producir una serie de aprendizajes sobre el conflicto de Colombia desde una mirada que combine la necesidad de adentrarse en las profun-
didades de procesos históricos que vienen de antaño y, a su vez, la necesidad
de no perderse en los detalles de cada proceso de paz.

Es decir, esta investigación académica trata de ser una guía rápida y asequible con miradas macro sobre cuestiones y patrones que han resultado ser cruciales a lo largo de todos los principales procesos de paz y que, por ello, requieren de especial atención para las personas que se interesen por el conflicto colombiano por motivos profesionales o académicos.

Por tanto, se trata de un libro que pretende sintetizar la complejidad del conflicto colombiano, desde una perspectiva concreta: la larga guerra fría, y con insumos y aportes nuevos a través de más de 40 entrevistas a protagonistas directos del conflicto. Sus miradas, perspectivas y puntos de vista que van desde contradicciones, coherencias y anhelos de transformación de su realidad y de un país que aspira a tener una paz perdurable y justa.

Proceso de construcción del libro

Este libro nace de la intención de ofrecer una serie de aprendizajes clave sobre uno de los conflictos armados más complejos que ha vivido el planeta. Cualquier autora o autor que pretenda abordar el conflicto de Colombia por primera vez se encontrará con el mismo desafío: una complejidad inmensa para navegar lo que es un conflicto extremadamente multifacético, con una inmensa cantidad de actores, paradojas, relaciones poco transparentes y un sinfín de detalles y sensibilidades territoriales. Existen compendios y bibliotecas enteras sobre la historia del conflicto en Colombia.

Empezando por una extrema dificultad a la hora de determinar el momento exacto en el que comienza el conflicto, cualquier primera aproximación a un análisis profundo del conflicto colombiano resulta abrumadora para cualquier persona que pretenda analizar dicho conflicto, no solo por la cantidad de actores, sino por la grandísima duración en el tiempo, la sensación de que el final de un conflicto a menudo supone la transición hacia otros nuevos conflictos y la inmensa dificultad de mapear los nexos entre actores en cada etapa.

Seguramente debido a esta extrema dificultad de hablar de *un solo conflicto* con coherencia a través del tiempo, existen pocos libros que traten de analizar el conflicto interno de Colombia desde una mirada holística. Muchos libros pretenden realizar este esfuerzo, pero acaban perdiéndose en los detalles, dejando de lado una mirada más enfocada y sintetizada. Esta investigación trata de ir a lo fundamental: es decir, se centra en destilar una serie de aprendizajes clave, más allá de los eventos puntuales sobre el terreno. Por tanto, se adopta una mirada *macroanalítica* y *macrohistórica*.

Por supuesto, al tomar esta decisión analítica, surgen una serie de desventajas: este libro no consigue ofrecer un compendio detallado e históricamente completo. Pero tampoco es la intención ni el objetivo ofrecer una enciclopedia histórica exhausta, puesto que ya se han realizado trabajos previos de extrema valía en este sentido; en especial, la *Biblioteca de la Paz* de Álvaro Villarraga Sarmiento. De hecho, en cuanto a la información fáctica, bebe ampliamente de las enseñanzas de esta biblioteca de la paz y se recomienda una lectura en paralelo de esta obra para aquellas personas que tengan un interés especial en entender los entresijos históricos que hay sobre el terreno en cada etapa del conflicto armado de Colombia.

En definitiva, la ambición de este libro es otra: sintetizar años y décadas de investigación previa, recopilar miradas de diversos actores (especialmente negociadores de las principales guerrillas y del gobierno) y acercarse a una serie de aprendizajes que tengan una utilidad práctica a la hora de aconsejar los intentos de paz en Colombia y otras geografías en el futuro.

Interés del tema

Escribir sobre el conflicto armado de Colombia no es fácil. Esta es quizás la primera lección que me llevo del proceso que me ha llevado a escribir este libro. Pero, a pesar de lo complicado que es, no acaban de publicarse nuevos libros con nuevas lecturas sobre este tema. La razón es más bien sencilla: a pesar de innumerables esfuerzos, la paz no acaba de aterrizar en Colombia por lo que encontrar nuevas pistas sobre cómo construir una paz sólida sigue siendo de máxima prioridad y necesidad.

El mundo académico, en este sentido, juega un papel fundamental a la hora de pensar nuevos espacios y nuevas posibilidades de construcción de paz. También, libros como este juegan un rol importante a la hora de tratar de generar un cambio de paradigmas que impulsen una cultura más pacifista. Como autor, estoy convencido que la academia y el activismo pacifista pueden y deben ir de la mano.

Se pretende con este manuscrito adoptar ciertos niveles de distancia analítica. Es común encontrarse con una amplia literatura justo después de un nuevo acuerdo de paz. Esto resulta incongruente, ya que en la mayoría de los casos se necesitan, como mínimo, unos pocos años para empezar a entender si, en el largo plazo, un determinado proceso de paz pudo alcanzar ciertos grados de éxito. Por ejemplo, tras los acuerdos de paz de La Habana se escribió muchísimo sobre el tema cuando, en realidad, aún era temprano para empezar a medir los efectos de estos acuerdos en el medio y largo plazo.

Es decir, se analiza desde una mirada más dilatada y profunda que el análisis del día a día de procesos de paz determinados. La intención es la de intentar adoptar una mirada holística que haga equilibrios entre la inmensa cantidad de material histórico y la necesidad de sacar, al menos, algunas ideas concretas en claro. Es un buen momento para ello, puesto que ya nos acercamos a una década desde que se firmó la paz con las FARC y fracasó el acuerdo con el ELN y nos permite, por tanto, comparar con procesos de paz previos en mayor profundidad y dilatación.

La elaboración y publicación de este libro también coincide con una serie de cambios históricos en Colombia que llegaron de la mano del primer gobierno progresista en el país. La elección de Gustavo Petro como presidente ha abierto una nueva etapa en Colombia con nuevas posibilidades de pensar y debatir la paz. Como suele pasar con los grandes cambios políticos de cualquier país, se abren nuevos retos y nuevas oportunidades.

Es la responsabilidad, en mi opinión, del mundo académico apoyar una serie de análisis con capacidad de aportar al mejoramiento de las sociedades, es decir, las investigaciones académicas deben tener utilidad práctica. Por ello, considero que queda justificado no sólo el interés de esta publicación, sino el imperativo por el cual los académicos debemos intentar aportar nuestro grano de arena a que construyamos un mundo basado en una tradición pacifista.

Motivaciones personales

Desafortunadamente, ninguna región del mundo se ha librado de un periodo de guerras y de conflicto a gran escala. Esta triste realidad de calamidades, de sufrimientos personales y de familias destrozadas por sucesos que escapan a su control y capacidad de influencia es un constante recordatorio de que cualquier paz es frágil y requiere un esfuerzo continuado de promover una cultura pacifista que se imponga al militarismo y belicismo.

Sin ir más lejos, adoptando una mirada intergeneracional, toda familia del mundo ha sufrido las consecuencias de la guerra de manera más o menos directa. En mi caso, mi abuelo paterno, Heinz Wirthwein, nació y creció en el periodo de entreguerras en Alemania cerca de la frontera con Francia. Su adolescencia y juventud se vio sacudida por el periodo más oscuro que ha conocido la historia de la humanidad: fue obligado a luchar en la Segunda Guerra Mundial con tan sólo dieciocho años y pasó cuatro años en una prisión de guerra en el desierto de Egipto.

Mi abuela alemana, Rosemarie Neuner, tuvo que mendigar durante meses para poder comer algo de pan en el periodo de posguerra y siempre recordaría la humillación de haber pasado de pertenecer a una familia relativamente pudiente a perderlo todo de manos de un padre atormentado por los traumas de la Primera Guerra Mundial y que acabó siendo alcohólico y jugador, perdiendo todos sus ahorros. Estos traumas infantiles la acompañaron toda su vida.

Mi abuela materna, Cecilia Martín, con tan solo cuatro años, tuvo que huir de la mano de su madre –mi bisabuela– por la carretera de Almería y sufrió el bombardeo a la población civil malagueña que hoy en día se conoce como "La Desbandá", que fue la mayor matanza del periodo de la Guerra Civil Española. Sobrevivió de milagro. Nunca quiso hablar demasiado de esta traumática experiencia, que fueron sus primeros recuerdos como niña.

De mi otro abuelo, Antonio Vega, tengo menos información sobre su experiencia personal durante la Guerra Civil Española y la posguerra, más allá de que vivía en una barriada obrera y veía con frecuencia como las fuerzas del régimen franquista se llevaban a amigos suyos, sin que volviera a verlos. Preguntarle sobre su rol o sus actividades en la guerra resultaba ser una tarea imposible que era correspondida con largos silencios. De alguna manera, las historias, las narraciones y los silencios de mis abuelos representan el sufrimiento que han tenido que padecer generaciones y generaciones a lo largo de los milenios: los vaivenes de la paz y la guerra a causa de las luchas de poder entre gobernantes.

Siempre me han fascinado mis conversaciones con mi abuelo Heinz Wirthwein que sí era propenso a hablar sobre todo lo que le aconteció durante la Segunda Guerra Mundial. Su intención era clara: ser parte de una generación que cuenta su historia para advertir a la juventud de que algo tan horrífico como el nazismo y la Segunda Guerra Mundial podría volver a sacudir a Europa.

Habiendo crecido entre estas historias, mi interés por los estudios sobre la paz ha sido una constante, especialmente desde mi etapa universitaria, en la que pasé un verano como voluntario de la ONG pacifista *Initiatives of Change* (IofC) en su sede suiza cerca de Ginebra.

En gran parte, fueron las experiencias de mis abuelos las que me llevaron a estudiar un grado en Relaciones Internacionales en la *Universidad Rhine-Waal* en Alemania, a completar estudios de máster en asignaturas relacionadas con la paz y los conflictos en la *London School of Economics* y la *Universidad de Oxford*. Fueron los mismos motivos los que me llevaron a visitar una mañana de noviembre el *Instituto de la Paz y los Conflictos* de la maravillosa *Universidad de Granada*, donde conocí a mi futuro director de tesis doctoral, el profesor Mario López Martínez, a quien le debo mi interés por los procesos de paz en Colombia y quien considero el artífice real de este libro: sin su apoyo, sus contactos y dedicación a este proyecto, no habría sido capaz de sacar adelante esta investigación.

Mis más profundos agradecimientos para Mario y todas las personas que me han acompañado y guiado a lo largo de este proyecto. En especial, me gustaría destacar al profesor Álvaro Villarraga Sarmiento y a la viceministra colombiana Lilia Solano Ramírez. Gracias a ellos tuve acceso a todos los actores relevantes del conflicto en Colombia que me proponía entrevistar y pude conocer de primera mano el funcionamiento de los Espacios Territoriales de Capacitación y Reincorporación (ETCR). También quiero mencionar a mi amiga Viviana Annunziata, que me abrió las puertas de la ONU y a mi amiga Manuela Duque, que me facilitó contactos que me ayudaron para poder entrevistar a antiguos miembros del gobierno de Colombia durante la etapa Santos. También quisiera agradecer al profesor Oscar Useche Aldana por acogerme durante tres meses en la Universidad Distrital, una estancia que resultó ser determinante para este trabajo académico.

En conversaciones con Álvaro Villarraga también pudimos averiguar una curiosa anécdota personal: En los años 90, hubo unas negociaciones entre el gobierno de Colombia y el grupo guerrillero del Ejército de Liberación Nacional (ELN) en mi ciudad natal de Würzburg en Alemania. Resulta que el mismo obispo de me bautizó en 1994 resultaría ser una de las personas clave de dicha negociación que culminó en el histórico acuerdo humanitario conocido como el *Acuerdo de la Puerta del Cielo*. Esta anécdota la percibí como una de esas casualidades extrañas con las que juega el universo.

El lector/a de este libro encontrará en las siguientes páginas una intención ciertamente metafísica: transcender los detalles del día a día y enfocarse en una serie de visiones más abstractas. Por supuesto, todo intento de aproximarse a enseñanzas generales necesariamente acaba en fracaso, pues no existen las explicaciones completas. Pero, estoy convencido que alguna lección se ha aprendido por el camino, aunque sea explicar de manera elaborada que, exagerando las palabras de Sócrates, al final no sabemos absolutamente nada. Aun así, espero que al menos unas pocas ideas resulten de interés y sirvan para ofrecer nuevas perspectivas valiosas para los intentos de paz en Colombia y en el mundo.

Capítulo 2

La dialéctica global-local: Capitalismo, globalización y los viajes ideológicos del comunismo internacional

En el siglo XIII, Marco Polo, hijo de una familia de comerciantes, emprendió un viaje al imperio de Kublai Khan, donde rápidamente estableció una estrecha relación de amistad con la familia del emperador. Sus famosas aventuras, que hoy constituyen una narración popular conocida por todo el mundo, son símbolo de un mundo con fronteras artificiales. Originario de Venecia, sus experiencias en Asia le cambiaron para siempre. El conjunto de personas como Marco Polo, que a lo largo de la historia han sido exploradores, han cambiado el trascurso de este planeta. Pero es importante recordar que no solo viajan las personas y las mercancías que llevan consigo: quizás el viaje más importante lo realizan las ideas.

La interacción entre el nivel global y el nivel local a la hora de definir qué ideologías consiguen expandirse internacionalmente es quizás uno de los fenómenos más difíciles de analizar y predecir de manera sistemática. La cantidad de factores, que determinan el éxito y fracaso de ciertas ideas políticas, es tan compleja que resulta casi imposible saber con antelación en qué países habrá una revolución, qué alianzas transnacionales surgirán, cómo van a responder las fuerzas dominantes, etc.

Es decir, los movimientos ideológicos en la escala global siguen una lógica cuya trayectoria y probabilidades de éxito es extremadamente difícil de establecer y son, a menudo, eventos poco probables los que cambian el curso de la historia una vez que suceden en un lugar determinado y causan una especie de cataclismo global (Bremmer, 2014). Sirvan de ejemplo la Revolución Francesa, la Revolución Rusa de 1917, la Gran Depresión de 1929 y la Gran Recesión de 2008, la caída del Muro de Berlín, el ataque a las Torres Gemelas o la Pandemia Global del Covid-19.

Todos estos eventos han sido casi imposibles de predecir y, en la escala individual, eran improbables; pero una vez que se da uno de estos eventos históricos, todo el sistema internacional se ve profundamente alterado, produciendo consecuencias inciertas para el trascurso de la política en todos los países.

Uno de los motores fundamentales de los cambios globales a largo plazo viene determinado por ideas políticas que se formulan por pensadores y luego encuentran resonancia en agendas políticas concretas. Las ideas políticas que consiguen generar influencia pueden resistir décadas y siglos, creando escuelas de pensamientos y un prisma analítico bajo el cual darle sentido al funcionamiento del mundo.

Los/las ideólogos/as, por tanto, pueden tener una huella longeva sobre el trascurso de la historia. Fue así para Marx y Engels a través de sus formulaciones teóricas en *Das Kapital* y su apelación a la acción en el *Manifiesto Comunista*. Estas obras han marcado unos 150 años de historia del comunismo internacional y han servido como punto de partida para adaptaciones numerosas de los postulados comunistas, influyendo sobre agendas socialdemócratas, comunistas, anticolonialistas y nacionalismos que han prestado las ideas iniciales de Marx y Engels (véase Priestland, 2010).

Es relevante, sin embargo, tener en cuenta que estas obras surgen siempre desde un determinado momento y contexto y beben directamente de otras obras o movimientos políticos anteriores. Las revoluciones comunistas (o intentos de ello) que se dieron mundialmente mantienen una estrecha relación con las revoluciones liberales anteriores que surgieron como respuesta a un Antiguo Régimen de monarquías absolutistas en Europa que trataban de impedir su pérdida de influencia bajo los procesos transformadores del capitalismo global (Frey, 2019).

Las antiguas monarquías europeas habían estado en disputas de poder desde hacía siglos con la creciente influencia de una clase de mercantes y comerciantes que, a través del establecimiento de las guildas, marcaron un precedente para la creación de una clase burguesa en la mayoría de los países europeos y, con el tiempo, en las colonias de ultramar. La Liga Hanseática, que puede considerarse un ejemplo temprano de capitalismo transnacional, se disputó con las coronas germanas y nórdicas, tratando de ganar autonomía fiscal de las Coronas.

La rápida expansión de las colonias europeas estaba claramente sustentada en un modelo de explotación despiadada, basada en la ocupación de territorios indígenas y la violencia extrema hacia poblaciones locales. La esclavitud, especialmente sufrida por población afro que había sido transportada forzosamente de África a América, fue una barbarie conectada estrechamente con los modelos de crecimiento mercantilista y, progresivamente, un sistema económico basado en la maximización de la explotación. Las guerras entre ejércitos europeos de diversos países y las poblaciones indígenas de América muestran un modelo económico basado en el exterminio y el genocidio. Algunas estimaciones hablan de la muerte de hasta el 95 por cien de la población indígena a raíz de enfermedades importadas, guerras directas y asesinatos deliberados desde las primeras invasiones europeas (Bartrop & Totten, 2004).

Muchas de las guerrillas comunistas que se formarían más tarde, contarían con una alta participación directa o colaboración con poblaciones indígenas y afros, conectando las ideas marxistas-leninistas de liberación con las luchas paralelas anticolonialistas y antirracistas. Es decir, las alianzas comunistas se enmarcaban en una diversidad de desigualdades y sufrimientos colectivos, con experiencias diferentes que, sin embargo, tenían en común la lógica de la discriminación y la explotación. Es decir, había una especie de unidad en la diversidad de luchas que permitía la formulación de posturas comunes o, al menos, algunos intentos de coordinación o simbiosis orgánica.

En la revolución de Estados Unidos, los movimientos de independencia en Latinoamérica o la propia Revolución Francesa, la burguesía liberal jugó un papel fundamental en su rechazo de los absolutismos monárquicos que iban ligados a la explotación de sus ganancias empresariales a través de fuertes impuestos.

Sin embargo, mientras que las revoluciones liberales se apoyaron en alianzas amplias entre la burguesía y las clases populares; estos eventos sirvieron para la creciente organización política y acción colectiva de las clases populares.

En este marco, en el capitalismo ya más avanzado, las clases trabajadoras y obreras comenzaron a formular sus propias agendas políticas en base a dos niveles: 1) una lucha contra el Antiguo Régimen que compartían con las fuerzas liberales y 2) una lucha contra la burguesía liberal que les explotaba económicamente.

Los sindicatos y los partidos socialistas y comunistas ganaron una fuerza rápida en el marco de las democracias republicanas y las monarquías constitucionales que fueron surgiendo en Europa. Como muestran las etapas napoleónicas y la del Congreso de Viena, todo el siglo XIX, fue una lucha de tres visiones sobre cómo debían organizarse los sistemas de gobierno contemporáneos:

a) Los esfuerzos conjuntos de las Coronas de impulsar una Restauración con monarquías adaptadas a los nuevos tiempos.

b) El establecimiento de parlamentos nacionales democráticos y liberales, en su defecto, llegando a compromisos con las Coronas a través de monarquías constitucionalistas.

c) Los intentos de promover un sistema alternativo comunista que negara tanto los poderes monárquicos como los burgueses a través de repúblicas populares y "dictaduras del proletariado".

Detrás de la creciente disputa de poderes se encontraban las fuerzas del cambio tecnológico y social que vinieron acompañadas de la creciente industrialización del mundo (véase Frey, 2019), así como una masificación del consumo y de la política. La aceleración del comercio global imperialista, la movilidad transatlántica del capital, las rutas globales de migración, la masificación de la prensa escrita y de la cultura, el surgimiento de un sistema financiero y monetario global, la reducción del coste del transporte a través del ferrocarril y los navíos modernos, los sistemas de comunicación modernos (como el telegrama) y, en definitiva, la rápida internacionalización, crearon un marco que sacudieron los cimientos de la sociedad feudal y crearon una nueva dialéctica global entre nacionalismo y globalismo en la que los diferentes actores sociales trataban de posicionarse como fuerza hegemónica en las capitales y regiones de cada país.

En Europa, la expansión de los imperios llevó a siglos de cooperación militar y económica entre las coronas y los comerciantes para establecer un sistema de colonización global. Sin embargo, surgieron fuertes discrepancias puesto que las clases burguesas no vieron traducido su creciente influencia económica en un reparto de poder con las monarquías y la Iglesia (véase Frey, 2019). Pero los movimientos de las clases burguesas en los diferentes países europeos fueron dispares. Mientras que inicialmente se apoyaron en las clases populares para favorecer un cambio en contra del Antiguo Régimen, se dieron situaciones de nuevas alianzas liberales con la monarquía y otros sectores conservadores cuando existía un peligro real de que nuevas fuerzas políticas de izquierda apoyados por los sectores populares aprovecharan los momentos de cambio.

Hubo, por tanto, un complejo encaje de bolillos en el que se dieron todo tipo de alianzas temporales que llevaron a un mosaico de repúblicas y monarquías en Europa. La Revolución Francesa y el ascenso de Napoleón mostró a las clases comerciantes lo difícil que era controlar el trascurso de los eventos una vez comenzada una revolución. La Guerra de Independencia Española y la resistencia a Napoleón en otras partes de Europa, tuvieron consecuencias para todo el continente; incluyendo el aumento del nacionalismo alemán, británico, italiano y ruso.

El periodo de la Restauración Europea con el Congreso de Viena reinstauró un conservadurismo monárquico y provocó, como reacción, que las fuerzas ideológicas liberales y comunistas consolidaran visiones de necesidad de cambios hacia modelos más justos de organizar la sociedad, conectando con determinados intelectuales de la burguesía más radical que abogaban por el republicanismo, las opciones demócratas, socialistas, comunistas, utopistas y anarquistas.

El final del siglo XIX y principios del siglo XX en Europa, vinieron marcados por el auge del sindicalismo, el socialismo y el comunismo (Priestland, 2010). Pero, especialmente, a partir de la Primera Guerra Mundial también surgen nuevas propuestas nacionalistas reaccionarias que combinaban una nostalgia por valores sociales tradicionales con agendas de desarrollo económico en beneficio de los estados modernos fuertemente burocratizados en una visión de estados soberanos como fuerzas industrializadoras (véase Gerschenkron, 1962)[1].

La mayoría de los intentos revolucionarios comunistas y socialistas en Europa fueron derrotados, tales como la Comuna de París por alianzas de las antiguas monarquías y/o las fuerzas liberales propiciadas por la burguesía. Ya en la II Internacional se pone de manifiesto que existen dos visiones sobre las vías principales que debe tomar el socialismo: por un lado, más cercano a los valores socialdemócratas, se encuentran las visiones que apoyan un reformismo parlamentario; mientras que, por otro lado, el bolchevismo mantiene posturas revolucionarias como vía para lograr el éxito del socialismo.

Fracasos socialistas más tardíos como la Revolución Bávara o los movimientos consejistas, aumentaron cada vez más la impresión de que el socialismo en Europa no iba a triunfar a través de la revolución, llevando a revisionismos socialdemócratas como los postulados de la Sociedad Fabiana en Londres. En 1921, con la III Internacional, queda en evidencia la ruptura total entre las dos corrientes, dándose la escisión definitiva de la tesis revolucionaria del partido comunista. La aprobación de los presupuestos de guerra en Francia y Alemania por los socialistas son, además, un indicativo de un

---

1. Justamente en esta combinación de un sentido de nostalgia imperialista y de valores sociales tradicionalistas, por un lado, y el uso de la industria moderna y los nuevos canales de comunicación masivos para impulsar un nacionalismo feroz, por otro lado, se encuentra el origen del fascismo en Europa.

creciente nacionalismo y patriotismo en contra de valores más internacionalistas y antiburgueses.

La lógica de las disputas ideológicas entre comunismo y capitalismo ya encontró sus primeros inicios desde el primer momento en que, en Rusia, sucede la Revolución de 1917.

Desde un primer comienzo, observamos al comenzar la Guerra Civil Rusa una dinámica de ejércitos rojos y blancos que, en cierta medida, es semejante al dualismo binario entre comunistas y capitalistas que enmarca a la lógica de la Guerra Fría en los territorios donde capitalismo y comunismo se combaten. Así, podría argumentarse que, en realidad, la Guerra Fría comienza mucho antes que 1945. Sin embargo, no ganó protagonismo exclusivo debido a su solapamiento con otros conflictos ideológicos y militares simultáneos que se daban en el mundo hasta el final de la Segunda Guerra Mundial.

Muchas de las dinámicas y dialécticas presentes en Rusia serían luego una referencia para sectores populares desheredados en el mundo, es decir, personas oprimidas y explotadas económicamente. Había una tensión inherente entre populismo ruso (campesinado) y bolchevismo (vanguardia obrera) que también pervivió en otras disputas comunistas en el mundo, incluido en las guerrillas latinoamericanas: era común la presencia de una minoría ilustrada comprometida que movilizaba amplias masas analfabetas, especialmente entre los campesinos de las zonas rurales de Rusia y luego otras geografías en todo el mundo.

El nacionalismo e imperialismo radical se impuso en Europa y llevó a una lógica de confrontaciones ultranacionalistas que culminaron en dos Guerras Mundiales que tuvieron como principales consecuencias: la desintegración de varios imperios plurinacionales (Austria-Hungría, Imperio Otomano), la Revolución Rusa de 1917, la Revolución China de 1949 y el auge de Estados Unidos como primera potencia militar mundial y líder del sistema financiero internacional, consolidando su poder sobre Europa a través del fondo Marshall.

Paradójicamente, la anterior expansión de los imperios europeos sembró semillas para su propia destrucción al poder hablarse de sobre-expansión (véase Graeber & Wengrow, 201) y la posibilidad de que las ideas contrarias al Antiguo Régimen encontraran sus defensores en los rincones del mundo que estaban siendo explotados y oprimidos en la periferia mundial del sistema económico. En Asia, a partir del siglo XVII, se hicieron fuertes los modelos de cooperación económica-militar entre las Coronas y las empresas como la Compañía Neerlandesa de las Indias Orientales, la Compañía Británica de las Indias Orientales y la Compañía Francesa de la Indias Orientales.

Particularmente Gran Bretaña y Francia entraron en una carrera por expandir su esfera de influencia en el Subcontinente Indio e Indochina. Los intentos de los imperios europeos de expandirse en China sólo tuvieron éxitos locales en ciudades como Hong Kong y Macao, que pasaron a ser colonia de Gran Bretaña y Portugal, respectivamente. Estas intrusiones europeas actuaron como caballo de Troya para el creciente auge de ideas liberales y comunistas.

Las Guerras del Opio fueron devastadoras para el Antiguo Régimen en China y se dio la Revolución de 1911, que acabó con el Imperio Qing y estableció la República China. Este alzamiento se realizó por parte de una gran variedad de grupos y guerrillas, que en su mayoría eran relativamente pequeños. El derrocamiento del imperio llevó a la formación de entidades políticas como el Partido Nacionalista Chino, fuertemente influenciado por corrientes liberales.

Sin embargo, entre los grupos que tumbaron el Antiguo Régimen chino, en parte, había formaciones y alianzas que se inspiraban en ideas anarquistas o estaban comenzado a desarrollar ideales comunistas, marcando un precedente importante para la fundación del Partido Comunista de China en 1921.

Tras una breve alianza entre el Partido Comunista de China y el Partido Nacionalista Chino, la falta de entendimiento sobre el proyecto del país y los mecanismos de reparto de poder, se dio la Primera Guerra Civil China (de 1927 a 1937), con la creación del Ejército Popular de Liberación o Ejército Rojo que, más tarde, tras la Segunda Guerra Mundial y la Segunda Guerra Civil China (de 1945 a 1949), se haría con el poder, creando la República Popular China, que desplazó al partido nacionalista a Taiwán. Tras la Segunda Guerra Mundial y durante toda la Guerra Fría, todo el continente asiático se convirtió en un territorio en disputa de las esferas de influencias capitalistas y comunistas.

Por otro lado, en África, al no contar con monarquías y dinastías autóctonas establecidas (menos en el caso de Etiopía) los movimientos socialistas y comunistas que se dieron siguieron una lógica distinta y, en gran medida, estaban informados por una mirada de construcción de estados soberanos controlados por las élites locales frente a los invasores europeos. Es importante recalcar, sin embargo, el origen más bien aleatorio de las fronteras nacionales concretas, puesto que a menudo eran el legado de una división territorial hecha por colonizadores europeos, sin respetar etnias, religiones u otros elementos de percepción de pertenencia.

Podría hablarse de una situación mucho más pragmática en cuanto al uso de las ideologías socialistas y comunistas como instrumento de consolidación nacional más que como una agenda conceptual a perseguir en el largo

plazo. Era común la creación de Frentes de Liberación Nacional, que se ase-
mejaban en gran medida al caso de la India en su pugna por la independencia.
Sin embargo, mientras que el socialismo o el comunismo podían ser parte
del programa de las formaciones, más bien la lucha armada tenía en el centro
el anticolonialismo, explicando las razones por las que se forjaron alianzas
amplias de actores de la lucha armada que no eran siempre de izquierda y, al
contrario, el espectro ideológico fue muy amplio. Más bien, entonces, estos
movimientos usaron tácticas guerrilleras, pero evolucionaron hacia movimientos que tenían la independencia en el centro y no necesariamente el
marxismo.

Durante la Guerra Fría, de hecho, el enfoque siguió siendo el del antim-
perialismo y las guerrillas y movimientos nacionalistas mezclaron todo tipo
de bases ideológicas según consideraciones estratégicas de los grupos que
trataban de deshacerse de las potencias europeas. Es decir, los actores locales
buscaban alianzas puntuales y prestaban diferentes idearios en función de si
esto permitía incrementar las posibilidades de construir estados soberanos
independientes.

Esto se vio aumentado por las alianzas pragmáticas del Movimiento de
Países No Alineados que hizo expresa la intención de mantenerse al margen
de la Guerra Fría para poder construir agendas propias y autóctonas. Una
muestra de este pragmatismo ideológico se dio, por ejemplo, con Yaafar al-
Numeiry que fue presidente de Sudán entre 1969 y 1985, quien buscó alianzas puntuales con la Unión Soviética, más tarde con la China de Mao y tuvo
incluso etapas de fuerte cooperación con los líderes religiosos del país tras,
anteriormente, haber sido un enemigo abierto de los clérigos.

Otros países como Angola o incluso Sudáfrica tuvieron tendencias en
las que la ideología era un medio más que un fin para alcanzar el final de la
opresión colonial[2]. Para muchos otros países los debates ideológicos globales de la Guerra Fría se percibieron como oportunidad de cambio autóctono
y nacionalista. En numerosas ocasiones, las ideologías críticas con el orden
mundial fueron utilizadas como instrumento de poder para la promoción
de intereses personalistas de aquellos líderes autocráticos que veían en las

---

2. De hecho, cuando hablamos de socialismo (también comunismo) en África estamos
hablando corrientes extremadamente variadas y, a veces, no tan parecidas entre sí. Por nombrar
dos ejemplos, el socialismo panarabista no tenía nada que ver con partido baazista más allá
de unas siglas o unas ideas abstractas de solidaridad que en la práctica llevaban a acciones y
programas políticos muy diferenciados.

posiciones antioccidentales una oportunidad de consolidar su jefatura en un nuevo Estado.

Finalmente, en Latinoamérica, los movimientos socialistas y comunistas llegaron en una etapa distinta del anticolonialismo. Las fuerzas españolas ya habían sido expulsadas hacía más de un siglo en la mayoría de los territorios latinoamericanos; pero, especialmente a partir de 1850, se había consolidado un sistema de control férreo de la economía por parte de oligarquías que controlaban los grandes latifundios en cada país latinoamericano y habían conseguido traducir este poder económico en un poder político completamente cerrado a los sectores populares (Carmagnani, 1984; Halperin Donghi, 1998; Bulmer-Thomas, 1994).

Es decir, a diferencia de Europa, la batalla de visiones sobre cuál debía ser el orden social ya no contaba con la Corona como actor, sino que se dio durante todo el siglo XIX una batalla política entre sectores conservadores apoyados por la Iglesia Católica y sectores liberales apoyados por la burguesía que tenía acceso a las redes de comercio global y, por ello, había amasado una inmensa fortuna.

Mientras tanto, los primeros sindicatos y organizaciones colectivas de trabajadores, así como la continuidad de la resistencia indígena, estaban asentando un germen político que, más tarde, ya durante la Guerra Fría, propiciaron una escisión entre las guerrillas liberales y las guerrillas comunistas.

De manera macro, puede argumentarse que la llegada de las ideas socialistas y comunistas a Latinoamérica estuvo marcada por tres factores clave. Primero, una experiencia común de historia de colonialismo y lucha contra las Coronas europeas (principalmente España y Portugal) y más tarde una lucha de resistencia ante la creciente influencia de Estados Unidos como fuerza hegemónica militar y económica en las Américas. Este primer factor cuenta con una importante dimensión oligarca, pues, en parte, se puede hablar de la lucha anticolonialista como una serie de alianzas de las clases populares con élites regionales que querían deshacerse de la necesidad de pagar tributos y lealtades a las Coronas europeas.

Sin embargo, una vez expulsada la opresión monárquica, la oligarquía afianzó su poder tejiendo alianzas con el capitalismo internacional, especialmente con Estados Unidos como principal socio comercial, llevando a una nueva situación de explotación que las clases populares comenzaban a describir como nuevas formas de imperialismo.

En segundo lugar, el análisis del aterrizaje de las ideas socialistas y comunistas en Latinoamérica debe incorporar la importancia de una fuerte migración de Europa hacia Latinoamérica de personas que buscaban nuevas oportunidades económicas o se exiliaban a América por razones políticas.

Esta migración representó un puente intelectual a través del cual comenzaron a gestarse tendencias sindicalistas e ideas de organización colectiva y política como mecanismo de influencia en la política nacional. Así, surgieron lazos informales durante todo el siglo XIX que, de manera gradual, vieron el crecimiento de la organización colectiva de los sectores populares, así como la creación de asociaciones en defensa de derechos indígenas. Es importante resaltar que el comunismo y el socialismo al traspasar fronteras y culturas en su avance tuvo que adaptarse a costumbres y a realidades locales. Sin embargo, también pasó lo inverso: los actores locales viendo unas desigualdades y sufriendo una explotación que resonaba con las demandas del comunismo de la liberación de las cadenas que ataban al proletariado.

El marxismo-leninismo encontró formas de transcender su origen urbano. En su imaginario, el campesinado se encontraba igualmente en una explotación, siendo ambas clases sociales víctimas: el proletariado era víctima del capitalismo moderno y el campesinado lo era del feudalismo tradicional. Ambas eran grupos desheredados, carentes de capital y de privilegios. En cada geografía puede hablarse, entonces, de toda una serie de capas de discriminaciones estructurales, así también las poblaciones indígenas y afros en toda América sufrían una realidad de opresión que atravesaba fronteras. La esclavitud y la servidumbre no comenzó a abolirse hasta el siglo XIX y puede hablarse claramente de una situación en la que la opresión económica creaba nuevas formas de dependencias que hacían imposible una liberación real de las personas que anteriormente habían sufrido la esclavitud. Así una violencia represora se convirtió, para muchas personas, en otras violencias que reprimían su día a día y su capacidad económica de desenvolverse libremente como individuos.

Las experiencias latinoamericanas con la empresa United Fruit Company fueron la culminación de sistemas políticos que comenzaron a velar por los intereses de las élites nacionales e intereses comerciales extranjeros y que no dudaron en utilizar la violencia para acallar protestas o resistencias locales a la explotación de la población trabajadora. El uso de violencia armada por parte de empresarios contra las reivindicaciones populares marcó un importante precedente para explicar, más tarde, el surgimiento de grupos paramilitares que se dedicaron a luchar contra las guerrillas comunistas; frecuentemente a sueldo de empresarios locales.

Por tanto, la interconectividad de Latinoamérica con el sistema comercial internacional fue un elemento clave para explicar que personas llegadas desde

Europa trataran de replicar la organización colectiva de trabajadores y obreros, estableciendo sindicatos y más tarde ayudando a establecer organizaciones políticas comunistas.

En tercer lugar, jugó un papel fundamental la creciente disputa geopolítica mundial que se acentuó con el final de la Segunda Guerra Mundial y el comienzo de la Guerra Fría –en la que dos modelos ideológicos correspondientes a dos visiones sobre cómo organizar la sociedad internacionalmente compitieron por alcanzar la hegemonía mundial.

Es importante resaltar que, mientras el comunismo tomaba primeros impulsos serios en Latinoamérica tras la Revolución Rusa y comenzaban a surgir las primeras organizaciones con un poder colectivo significativo, en todo el mundo, se daba un debate intelectual parecido: la lucha armada frente a otras vías para conseguir los objetivos de liberación de las clases oprimidas. Aunque los detalles de cada movimiento importaron mucho en la práctica, a nivel más abstracto, las opciones se reducían principalmente en dos posibles vías o familias ideológicas: 1) la radical y violenta (comunismo revolucionario tradicional) o 2) la reformista, parlamentarista y no violenta (movimientos socialdemócratas). Por supuesto, había un debate de fondo sobre eficiencia, es decir, qué modelo tenía más esperanzas de producir resultados.

A nivel moral, en esencia, la cuestión conectaba con un dilema antiguo: adoptar posturas deontológicas basadas en principios inalterables (postura kantiana) o, al contrario, apostar por el consecuencialismo (postura utilitarista). En gran medida, este debate moral resume los dilemas ideológicos a los que se enfrentaban los líderes de los movimientos de izquierda. Ante la imposibilidad de conocer con precisión los posibles resultados, el consecuencialismo era una apuesta arriesgada. Por supuesto, entonces, cuando las situaciones sobre el terreno mostraban que no se conseguían los objetivos marcados (véase abajo), esta postura utilitarista perdía credibilidad y ganaban fuerza ideas más kantianas.

Es decir, pensar del comunismo y el reformismo socialdemócrata como corrientes completamente separadas es una simplificación. Todas las guerrillas fueron comunistas radicales mientras hacían la guerra y planteaban posturas de reformismo en cualquier situación de negociación con el estado. Por tanto, muchas de las categorizaciones en grupos claramente separados por "ismos" es una ilusión conceptual generada por una racionalización ex post.

El surgimiento de las guerrillas comunistas en toda Latinoamérica no podría entenderse sin una situación en la que las injusticias y desigualdades locales fueron traducidas en la creación de actores que encontraron fuertes aliados internacionales como la Unión Soviética y, puntualmente, China. En una realidad latinoamericana donde las fuerzas liberales y las fuerzas conservadoras seguían combatiendo en una batalla política y cultural, las revoluciones y guerrillas comunistas encontraron un hueco que cambiaría la trayectoria política de todo el continente americano.

Muchas de las luchas emancipadoras anticolonialistas se tildaron de comunistas porque el comunismo había conseguido llegar previamente a dos países: Rusia y China, y, en ese momento, se interpretaban por muchos intelectuales en Latinoamérica como fuerzas liberadoras, ya que aún no se sabía toda la represión comunista interna. Sólo se conocía la labor del imperialismo colonialista. Algo parecido ocurrió en Cuba: hubo una guerrilla plural que acabaría convirtiéndose en comunista en un proceso de rechazo el imperialismo colonial.

Así, finalmente, el espacio latinoamericano entró en una disputa feroz entre las fuerzas liberales y capitalistas con la Revolución Cubana de 1959 que volcó a las grandes potencias mundiales en un estado de neurosis permanente sobre los peligros que representaba una Latinoamérica en la que triunfaba el contrincante. La preocupación de Estados Unidos llegó hasta tal punto que se convirtió en una práctica habitual usar la fuerza para derrocar gobiernos de izquierda elegidos democráticamente (Roitman Rosenmann, 2019) si se consideraba como potencialmente peligroso para los intereses nacionales de Estados Unidos y se prefería la instauración de dictaduras que mostraban apego al capitalismo como la de Pinochet en Chile.

Otros ejemplos fueron el derrocamiento de Jacobo Árbenz en Guatemala y otras injerencias a favor de líderes autoritarios anticomunistas en países como Argentina, Bolivia, Brasil, Costa Rica, República Dominicana, El Salvador, Nicaragua, Perú, Uruguay y Paraguay. En Colombia (véanse capítulos 3 y 4 de este libro), Estados Unidos fue el principal aliado internacional del gobierno en contra de las guerrillas comunistas y, en momentos de máxima cooperación, Estados Unidos fue el máximo responsable para la modernización de todo el ejército colombiano.

Mientras tanto, Cuba, la Unión Soviética y China tuvieron un papel importante sobre las guerrillas comunistas en los distintos países de Latinoamérica. En primer lugar, estos tres países –al haber llevado a cabo una revolución que llevó al comunismo al poder– se presentaban como referentes ideológicos y conceptuales importantes de los cuales las guerrillas latinoamericanas prestaban gran parte del ideario y los discursos y narrativas que sostenían la base ideológica para la continuidad de la lucha armada.

En determinados casos, incluso, países como Cuba tuvieron una importante relevancia a la hora de la formación militar de líderes revolucionarios en distintos países latinoamericanos. Ideólogos como el Ché Guevara[3], por ejemplo, dedicaron una gran parte de su activismo político a tejer lazos transnacionales entre revolucionarios de Latinoamérica, África y Asia (Priestland, 2010), incluyendo visitas frecuentes a diferentes países con grupos armados comunistas. Había, por tanto, una creciente visión entre los contrincantes de la Guerra Fría, de que se estaba dando una batalla ideológica global bajo el mantra de un "juego de suma cero"; es decir, una situación en la que uno de los dos bandos –el capitalismo o el comunismo– conseguiría una victoria global absoluta por lo que cada retroceso o avance geográfico se consideraba esencial por ambos bandos.

Fue especialmente en los años 60 cuando empezaron a crearse movimientos de lucha armada que tuvieran una oportunidad real de hacerse con el poder político en varios países de Centro y Sudamérica (Sanin, 2015). En toda Latinoamérica se consolidaron grupos organizados que vieron en el éxito de la Revolución Cubana en 1959 un ejemplo a seguir. El éxito de la Revolución Cubana inspiró a una amplia variedad de grupos armados tales como, por ejemplo, el Movimiento de Izquierda Revolucionaria (MIR) en Chile, las Fuerzas Armadas Revolucionarias (FAR) de Argentina, las guerrillas de Ñancahuazú y el Ejército de Liberación Nacional de Bolivia (ELN), Frente Sandinista de Liberación Nacional (FSLN) de Nicaragua, las Fuerzas Armadas Rebeldes (FAR) de Guatemala, el Sendero Luminoso (SL) de Perú, el Movimiento de Liberación Nacional-Tupamaros (MLN-T) de Uruguay o las Fuerzas Armadas de Liberación Nacional (FALN).

Todos estos grupos combinaban ideologías marxistas-leninistas y aspiraciones nacionalistas (Priestland, 2010) en sus objetivos de crear entidades políticas realmente soberanas que fueran capaces de tumbar las dependencias económicas capitalistas de países como Estados Unidos, que veían como a una nueva fuerza imperial. En este proceso de llegada de ideas marxistas-leninistas y toda una variedad de otras corrientes intelectuales enfocadas en la liberación de poblaciones oprimidas, cada población realizaba una propia interpretación local, según el contexto, de los tipos de discriminación a los

---

3. El guevarismo apoyaba la tesis del foquismo, es decir, la estrategia de promover núcleos revolucionarios en ciertas áreas rurales hasta que se dieran las condiciones para una movilización del proletariado que, en su acción conjunta con las acciones revolucionarias rurales, consiguiera promover una revolución exitosa en la toma de poder nacional.

que dichas poblaciones estaban expuestas y, en general, los elementos culturales de cada lugar llevaban a una ramificación muy variada de los conceptos intelectuales que llegaban a cada territorio. Cabe destacarse también la situación particular de las poblaciones indígenas dado que la adaptación se enmarcaba en un contexto completamente diferente al que pudieran hacerlo otras comunidades, puesto que, era habitual la siguiente realidad:

> Los pueblos indígenas se encuentran inmersos en sistemas políticos que les son absolutamente ajenos y externos, que fueron creados y definidos por los respectivos estados nacionales. Este hecho supone un largo proceso de adquisición de conocimiento sobre las formas en que funciona el sistema político, una gran capacidad de adaptación al mismo, y en muchos casos adoptar nuevas formas de estructuras de organización política (Rodríguez Mir, 2008).

Es importante resaltar, de manera panamericana, la importancia de los movimientos indígenas en diferentes geografías. En especial en el siglo XX, el activismo de la población indígena ha ganado fuerza en muchísimas comunidades latinoamericanas. Es el caso de una multitud de ejemplos, entre los cuales se encuentran las poblaciones Guna, los pueblos de Uraccan, Totonacapan, Huasteca, Kukama, Wayuu, Xavante, Mapuche, Quechua, las poblaciones campesinas e indígenas de Quebrada de Humahuaca y Puna de Jujuy.

Cabe resaltarse el caso de grupos de autodefensa como los de la Revolución Zapatista de México, un ejemplo más tardío, pero que refleja de manera muy clara las dinámicas por las cuales, para la población indígena, la lucha era hasta gran medida otra: se formulaba como una autodefensa para proteger sus territorios y no como una organización política que quisiera tomar el poder a nivel nacional. Esta es una diferencia clave que diferenció a las guerrillas de carácter exclusivamente indígena de otros proyectos guerrilleros más amplios y diversos. Esto también sería una dinámica propia del Quintín Lame en Colombia (véase abajo): no se trataba tanto de una ofensiva para cambiar el sistema político sino, más bien, de una defensiva para proteger su propio espacio y conseguir una emancipación en forma de autonomía política y económica.

Comunidades indígenas como la población Nasa, Misak, Komonuco, Yanakona, Kogis, Arhuacos, Wiwas, Kuankuamos y Totoró en Colombia tuvieron una relevancia importantísima a la hora de participar de manera más o menos activa como actores de los movimientos sociales adyacentes al conflicto o, a nivel más individualistas, directamente como miembros de las organizaciones guerrilleras que también trataban ganar aliados e integrar las sensibilidades indígenas a su causa. Mientras que existieron grupos de autodefensa propiamente indígenas, también hubo indígenas que decidían unirse a algunas de las principales guerrillas. Por tanto, hubo cierta simbiosis.

Mientras que la lógica de las guerrillas marxistas y comunistas era diferente a la de las autodefensas indígenas, en ambas había procesos parecido de adaptación de ideas de liberación de origen internacional a la situación particular de cada grupo. En la dicotomía entre comunismo y nacionalismo es muy importante señalar el papel ambivalente que jugaron las relaciones de los grupos guerrilleros y de autodefensa con el ideario anticolonialista que surgió de manera paralela a partir del Movimiento de Países No Alineados (MPNA) que formulaban como principal objetivo la independencia frente a los imperialismos occidentales, así como de las superpotencias mundiales que habían comenzado a dominar las relaciones globales, es decir, Estados Unidos, la Unión Soviética y, aún en menor medida, China.

Cada viaje ideológico del comunismo hacia un nuevo país, por tanto, significaba un proceso de cambio, de experiencias colectivas y personales que marcaban otros modos y otros tiempos para el casamiento de la ideología marxista con las ontologías de cada localidad. Así, la Revolución de Cuba, significó un impulso y un referente para aquellas poblaciones que percibían que están siendo discriminadas y oprimidas; pero la traducción que se realizó en cada en cuanto cuál debía ser la acción cambiaba de manera radical de país en país y se generaba de manera muy orgánica según los debates nacionales, el tipo de desigualdades estructurales que existía en cada geografía y según la capacidad colectiva que existía por la existencia o ausencia, en cada caso, de movimientos o intentos previos de organizar organizaciones que promovieran un proceso de cambio nacional.

En Centroamérica, también se hizo notar el éxito de la Revolución Cubana y surgieron varios grupos armados marxistas. Tanto en Guatemala como en El Salvador, aunque en etapas diferentes, se produjeron etapas de transición, respectivamente, en las que los grupos armados finalmente se convertirían en partidos del sistema político tras numerosos años de combate (Sánchez Iglesias, 2020). Inicialmente, uno de los principales grupos fueron las Fuerzas Armadas (FAR) guatemaltecas que se fundaron en 1962 a partir de la unión de varios movimientos revolucionarios. Sin embargo, las FAR pronto se vieron arrinconadas por la contrainsurgencia (Carrillo, 2004) además de sufrir divisiones ideológicas internas que llevaron a la creación del Ejército Guerrillero de los Pobres (véase Carrillo, 2004; Romano, 2012) que decidió distanciarse de la inspiración castrista en favor de un posicionamiento más nacionalista y en apoyo de los derechos indígenas (Carrillo, 2004).

Finalmente, se crearía la Unidad Revolucionaria Nacional Guatemalteca (URNG), que supuso la nueva unión de los principales grupos guerrilleros en 1982. Tras una década y media de violencia quedó evidente un empate entre las fuerzas del gobierno y las de la guerrilla.

Tras el final de la Guerra Fría, comenzó un proceso de paz que concluiría en 1996 con la integración de la URNG en el sistema político de Guatemala tras los Acuerdos de Paz Firme y Duradera. Nunca se superaron, por parte de la URNG, sus resultados de las elecciones presidenciales de 1999, en los que alcanzaron el 12.36 por cien de los votos (Jan, 2005, p. 83-85).

Mientras tanto, en El Salvador, el principal grupo de lucha armada, el Frente Farabundo Martí para la Liberación Nacional (FMLN) no se formó hasta 1980 (Martín Álvarez, 2014). Inicialmente, el Partido Comunista Salvadoreño (PCS) optó por una alianza con la burguesía democrática y los movimientos revolucionarios anteriores sólo empezaron a generar apoyos importantes en los años 70.

Tras primeras derrotas, el FMLN se recompuso en la clandestinidad y los combates con las Fuerzas Armadas de El Salvador (FAES) se convirtieron en una guerra civil que produjo un empate ante la imposibilidad de ningún bando de alcanzar una victoria militar. Ambos bandos reconocieron este hecho y en 1992 firmaron los Acuerdos de Paz de Chapultepec.

Los acuerdos de paz, con un amplio respaldo de la comunidad internacional, supusieron la integración del FMLN en el sistema político (Sánchez Iglesias, 2020). Años más tarde, entre 2009 y 2019, el FMLN incluso ganó las elecciones presidenciales de la mano de Mauricio Funes y Salvador Sánchez Cerén.

Nicaragua, por el contrario, tuvo otra evolución que Guatemala y el Salvador. El Frente Sandinista de Liberación Nacional (FSLN), tras ser fundado en 1961, en pleno apogeo del castrismo, tomó las armas para imponer un gobierno revolucionario y de antiimperialismo contra Estados Unidos (Martí I Puig, 1997).

Tras una estrategia de lucha prolongada, en 1979, consiguieron hacerse con el poder del gobierno de Nicaragua tumbando el régimen de Anastasio Somoza Debayle por vía de la fuerza armada. Sin embargo, desde los comienzos del gobierno sandinista empezaron a sentarse las bases para un movimiento contrainsurgente apoyado por Estados Unidos a través de la CIA, conocido como los Contras. Ya en 1983, el FSLN decidió transformarse en partido político y se mantendría en el poder durante varias contiendas electorales hasta 1990, perdiendo ante la Unión Nacional Opositora y ocupando la oposición durante dieciséis años.

De este modo, según Sánchez Iglesias (2020), existen cuatro posibles escenarios para la evolución histórica de la lucha armada en Latinoamérica: la guerrilla triunfó y se convirtió en partido dominante (Cuba y Nicaragua), la guerrilla fracasó y desapareció (FALN y MIR de Venezuela), la guerrilla se transformó en un partido político sistémico (Tupamaros) o la guerrilla continuó en una situación de lucha prolongada (FARC, ELN, Sendero Luminoso).

Las dos primeras situaciones vinieron determinadas por una cuestión puramente militar y la literatura ha concluido que un claro resultado militar fue el más propenso a una estabilidad política posterior que produjera una ausencia de conflicto prolongada en el tiempo (Fortna, 2008; 2003; Walter, 2002).

Sin embargo, el abanico de posibles resultados se ampliaba en las situaciones de empate militares entre las guerrillas comunistas y el Estado capitalista. Es decir, en cada país, situaciones parecidas de empate han producido resultados opuestos: la transformación de la guerrilla en partido político del sistema o bien la continuidad de la guerrilla durante varias décadas, hasta el extremo de que varios grupos guerrilleros comunistas siguen en su lucha armada en la actualidad o han visto la presencia de escisiones armadas después de que una guerrilla determinada decidiera firmar una paz permanente con el estado en cuestión.

Es así como Latinoamérica se vio atrapada como territorio de lucha de la Guerra Fría[4]. Sin embargo, a pesar de que cayera la Unión Soviética y se declarara a nivel global el final de la Guerra Fría, no todas las guerrillas comunistas latinoamericanas han desparecido. En Colombia, siendo el principal

---

4. Al verse Latinoamérica atrapada en esta lógica de Guerra Fría, aumentó la cultura política de amigo-enemigo y su conexión con una visión militarista donde cualquier rasgo de inquietud podía interpretarse como traición o una falta de patriotismo. No es de extrañar, por ejemplo, que el Uribismo en Colombia, tal como se visualiza en capítulos posteriores, tuviera una fuerte relación con la Doctrina de Seguridad Nacional de Estados Unidos. Con la Guerra Fría, se abrió una especie de "caza de brujas" planetaria que hasta llevó a políticas radicales en la propia Estados Unidos con la persecución de intelectuales, científicos, artistas y cineastas. Por nombrar un ejemplo popular, el dramaturgo Arthur Miller sufrió una persecución legal sistemática que hoy podría considerarse un claro caso de *lawfare*, es decir, la instrumentalización de procesos judiciales para deslegitimar a un oponente. Algo parecido sucedió con el físico nuclear Robert Oppenheimer, que fue utilizado y una vez terminado su trabajo en el desarrollo de la bomba nuclear perseguido y marginado por su pasada militancia en el comunismo.

enfoque de este libro, el final de la Guerra Fría fue un factor clave para explicar la decisión de varias guerrillas de firmar la paz con el Estado –especialmente el Ejército de Liberación Popular (EPL) y el Movimiento 19 de Abril (M19) que, además, decidieron participar de manera activa en la formulación de una nueva Constitución para el país que fue aprobada en 1991.

Sin embargo, las guerrillas comunistas en Colombia no acabaron y, de hecho, las Fuerzas Armadas Revolucionarias de Colombia (FARC) llegaron a su máxima expansión territorial a finales de los años 90. Las FARC siguieron una lucha cruenta contra el Estado colombiano hasta la firma de los Acuerdos de La Habana de 2016. Por otro lado, el Ejército de Liberación Nacional (ELN) ha permanecido en guerra contra el estado colombiano desde la fundación de este grupo guerrillero hasta la actualidad.

Tras varios intentos de negociación fallida, en la actualidad, el ELN se encuentra negociando en un proceso de paz con el gobierno de Gustavo Petro en el año 2024, justamente 60 años tras la fundación del ELN en 1964. Por lo tanto, habiendo ganado nuevas perspectivas tras los acuerdos de La Habana con las FARC, este libro plantea una incógnita que hasta la actualidad deja muchas preguntas sin responder: ¿por qué, tras más de treinta años desde la Caída del Muro de Berlín, sigue habiendo manifestaciones y huellas tan profundas de la guerra fría en Colombia?

En conversación con actores del conflicto, este investigación tratará de presentar nuevos marcos analíticos que puedan servir para responder a esta cuestión desde una perspectiva integrada – es decir, una perspectiva que haga referencia a los factores macro (nivel internacional), los factores meso (nivel nacional) y los factores micro (nivel local) para ofrecer una visión conjunta que pueda explicar un conflicto armado tan longevo entre las fuerzas capitalistas y las fuerzas comunistas del país. Las huellas de la guerra fría son evidentes en Colombia, pero también han permanecido huellas en el mundo que, de manera menos visible, pero no por ello menos importante, sigan impactando las dinámicas de las relaciones internacionales. Este libro desarrollará una serie de conceptos para entender mejor los mecanismos a través de los cuales cada etapa macrohistórica deja una serie de huellas y cicatrices. En definitiva, cada etapa histórica actúa como un sedimento, acumulando herencias para las futuras generaciones.

Capítulo 3

Los pesos pesados de la guerrilla en Colombia: FARC, EPL, ELN y M19

En Colombia, cabe destacarse, en primer lugar, que el conflicto armado había estado presente desde los comienzos de la nación debido a las guerras con la Corona española y más tarde las luchas bipartidistas entre los sectores más conservadores y los más liberales (Villamizar, 2919). En un entorno de competencia feroz por copar los poderes del nuevo Estado, las disputas entre las diferentes fuerzas políticas eran duras y excluyentes (López-Martínez, 2019). Los empresarios y oligarcas cultivaban una postura antagónica hacia las clases trabajadoras, los campesinos y las poblaciones indígenas (López-Martínez, 2019; Jurado, 2015).

Con el asesinato de Gaitán, quién estaba a punto de convertirse en el primer presidente izquierdista de Colombia, comenzó el llamado Bogotazo: una serie de revueltas que culminaron en el periodo conocido como "La Violencia" que pronto se convertiría en una guerra civil[1] entre los sectores conservadores y los liberales a partir de 1948 (Pécaut, 2012; Borda, Orlando & Umaña, 1962). El asesinato político ha sido una constante en el conflicto colombiano como forma de violencia para retardar, abortar o encauzar procesos de asimetría y juegos de poder.

Sin embargo, no es posible explicar el comienzo de la violencia simplemente desde un análisis político, puesto que había un paisaje de fondo referido a una multitud de factores socioeconómicos tales como una estructura agraria muy desigual y discriminatoria en todo el país; la falta de una indus-

---

1. Una situación generalizada de conflicto en la capital del país encontraría eco en las guerrillas que, en este momento, tenían una alta base campesina. Esta tendencia, de una élite selecta ilustrada que moviliza a las grandes masas en zonas urbanas y rurales, es similar a la que ya se analizó en otros conflictos del mundo que comienzan a adoptar ideales liberales, utópicos, socialistas, comunistas o anarquistas (véase capítulo 2).

trialización moderna y la traducción de las nuevas riquezas generadas hacia la creación de un estado de bienestar moderno y solidario con la población más vulnerable; un modelo centralista del Estado; una desigualdad territorial en torno a los ejes urbano-rural y centro-periferia; y una realidad desequilibrada que podría describirse como *las 3 Colombias*: Caribe, Interior y Costa Pacífica (López-Martínez, 2019).

En poco tiempo, se dieron cambios profundos dentro de algunas formaciones armadas que inicialmente se habían posicionado como liberales, creando escisiones: Con la creciente influencia simultánea de los movimientos obreros y comunistas en toda Latinoamérica, algunas de las fuerzas contrarias a los conservadores se desprendieron del liberalismo colombiano durante la década de los años 50, decantándose por los ideales socialistas o comunistas (Loaiza Cordero, 2012). De este modo, la experiencia del conflicto interno en Colombia fue muy importantemente influenciada por las trayectorias internacionales que disipaban el surgimiento de una Guerra Fría global entre las fuerzas del capitalismo y las del comunismo (Priestland, 2010).

Una vez se agotó lo que había sido un nuevo ciclo de violencia entre conservadores y liberales, ambos empezaron a cooperar ante la presencia del enemigo común del comunismo. Los sectores liberales y conservadores terminarían por forjar pactos de élites que excluían al Partido Comunista Colombiano (PCC) de cualquier posibilidad de penetrar en el reparto de poder nacional (Paredes & Díaz, 2007; Archila Neira, 1997), fraguando la imposibilidad del comunismo y socialismo colombiano de cultivar una relación positiva con el sistema de gobernanza liberal-burguesa que cerraba las puertas al surgimiento de una presencia en la institucionalidad de las fuerzas comunistas (Daza, 2019).

El PCC había ganado una presencia progresiva desde su fundación de 1930 y había sido el producto de una serie de movimientos y organizaciones anteriores como el Partido Socialista Revolucionario (PSR), la Federación Obrera Colombiana (FOC) y la Confederación Obrera Nacional (CON), que encuentran su origen en los años 20, teniendo como fecha destacada la organización del I Congreso Obrero y la Conferencia Socialista de mayo de 1924.

Desde su fundación en 1930, el PCC había jugado un papel clave en la gradual formación de una consciencia de clase entre numerosos obreros, trabajadores y campesinos colombianos. Tuvo, por tanto, una importante relación con el surgimiento de las guerrillas comunistas en Colombia y, más tarde, colaboró estrechamente con ellas en una estrategia de "combinación de todas las luchas" (véase Cubides, 1992).

En total, según la clasificación del historiador y politólogo colombiano Álvaro Villarraga Sarmiento (2016; 20013; 2009), en Colombia han existido cuatro grandes grupos guerrilleros que se distinguen por la creación de una fuerza militar considerable y que representaron una amenaza seria a la hegemonía de las fuerzas militares del Estado colombiano. Esos cuatro grupos guerrilleros fueron las Fuerzas Armadas Revolucionarias de Colombia (FARC), el Ejército Popular de Liberación (EPL), el Ejército de Liberación Nacional (ELN) y el Movimiento 19 de abril (M19). Hubo una variedad de otros grupos armados, que se tendrán en cuenta en el análisis, pero, necesariamente, por su menor peso directo en los resultados de paz o guerra en Colombia, serán tratados por orden de rango, es decir, como análisis adicional al estudio de la trayectoria de las FARC, el EPL, el ELN y el M19[2].

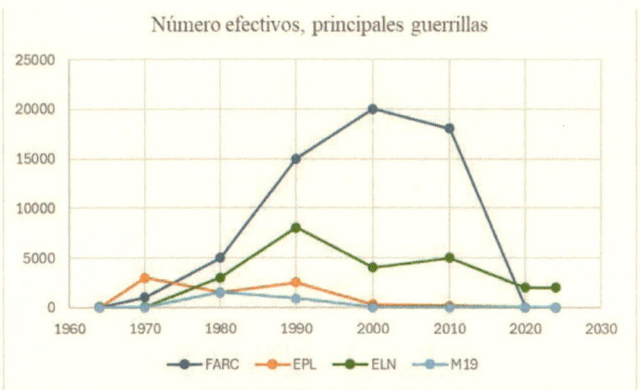

Figura 1. Evolución histórica del número de efectivos de las principales guerrillas de Colombia (elaboración propia a partir del Grupo de Memoria Histórica, 2013; RI, 2022; Comisión de la Verdad, 2022; International Crisis Group 2024; Mapping Militants Project, 2024)

2. No es posible hablar del M19 como un grupo guerrillero claramente comunista y, más bien, sus posiciones justamente evolucionaron hacia un reformismo parlamentario más propio de un ideario socialdemócrata. Sin embargo, tampoco debe simplificarse esta postura, puesto que correspondería a una racionalización ex post. Por ello, se clasifica como una guerrilla cercana a las otras guerrillas comunistas. Sin embargo, debe tenerse en cuenta su fundación posterior a los demás grupos que habían sido fundados ya en los años 60, que, en parte, explica una mayor predisposición a reformas democráticas (véase abajo).

Las Fuerzas Armadas Revolucionarias de Colombia (FARC)

Las FARC fueron el grupo guerrillero de mayor peso político y militar en el conflicto interno colombiano (Villarraga Sarmiento, 2016a). Como ha sido descrito anteriormente, las FARC tuvieron su origen en la guerra de liberales contra conservadores y representaban facciones que se transformaron de unos movimientos de autodefensas agrarias liberales a grupos que se acercaron progresivamente a las ideas comunistas y acabaron por formar una organización militar que se alzó en armas con el objetivo de derrocar el orden político del país y llevar a cabo cambios profundos tales como una reforma agraria de gran calado que repartiera las tierras de manera más equitativa. De hecho, la reforma agraria se convirtió en la gran bandera de las FARC y quizás en su rasgo más distintivo en comparación con otras formaciones guerrilleras (Alape, 2000).

Logró su máximo expansión a finales de los años 90 y comienzo del nuevo milenio, creando más de 60 frentes, siendo casi todos los frentes exclusivamente rurales (Grupo de Memoria Histórica, 2013; RI, 2022; Comisión de la Verdad, 2022). Se intentaron varias incursiones urbanas y la creación de frentes en las ciudades, pero el éxito de dichos frentes fue muy limitado y las pocas células que conseguía crear rápidamente se veían desplazadas de nuevo a zonas rurales, quedando solo efectivos individuales en las zonas rurales que eran usualmente utilizadas como puentes para obtener acceso a información estratégicamente relevante más que efectivos militares (NM, 2022).

Por tanto, las FARC siempre fueron una guerrilla con una acción casi exclusivamente rural, lo que también tuvo impactos sobre el ideario y la agenda política que desarrollaría a lo largo de los años y explicando la centralidad del reparto de la tierra como una de sus demandas tradicionales más importantes (véase abajo). Así, podría caracterizarse a las FARC como una organización de inspiración marxista-leninista, que adaptó lo que fue inicialmente una inspiración altamente guevarista a demandas principalmente campesinas y rurales. Sus principales fuentes de financiación fueron muy variadas, pero incluyeron apoyo de países extranjeros, el narcotráfico, el secuestro, la extorsión y una serie de retribuciones implantadas en los territorios que controlaba (Salazar Borda, 2005).

Desde sus comienzos, las FARC entendieron que la persecución de sus objetivos pasaba por la combinación de todas las formas de lucha (Cubides, 1992), es decir, trataron de unir acciones la militares con acción política. Esta realidad radicaba, en parte, en los estrechos lazos de las FARC con el Partido Comunista Colombiano, partido del que tomó gran parte de sus fundamentos ideológicos y del que se apoyaron a la hora de crear su legitimización social más allá de las propias estructuras belicistas (Villamarín Pulido, 1997).

Las FARC se convirtieron en un poderoso actor entre los años 60 y 80, causando serios problemas al ejército colombiano (Villarraga Sarmiento, 2016b). Tras más de dos décadas de conflicto armado sin intentos reales de negociación entre el Estado y las FARC, el gobierno de Betancur fue el primero en buscar soluciones políticas al conflicto con las guerrillas y finalmente firmar los Acuerdos de la Uribe con las FARC en 1984. Como parte de estos acuerdos, las FARC trataron de incorporarse a la vida institucional a través de un nuevo partido político llamado Unión Patriótica (UP), extendiendo su brazo político de las zonas rurales en las que tenía mayor presencia a las grandes zonas urbanas donde se concentraba el poder político del país[3].

Sin embargo, en este proceso, se incumplieron las promesas de garantías de seguridad para los miembros de la UP y se llevó a cabo una matanza sistemática de líderes sociales conectados con la UP (Gómez-Suárez, 2013; Cepeda, 2006). Según el Centro Nacional de Memoria Histórica, la violencia contra la UP puede contabilizarse en casi 4 mil integrantes de la UP asesinados y 544 desaparecidos; entre ellos 2 candidatos presidenciales, 5 senadores, 11 diputados, 109 concejales y 16 alcaldes asesinados (López-Martínez, 2019, p. 341).

Esta falta de protección se interpretó como una falta de voluntad de integrar a las FARC a la política nacional y, como consecuencia, se continuó la lucha armada por parte de las FARC, cuyos líderes, especialmente a raíz del fracaso de la UP, rechazaron el proceso constituyente en el que participaron los grupos guerrillero M19 y EPL (Villarraga Sarmiento, 2016d; véase abajo).

Durante toda la década de los 90, las FARC respondieron con una postura clara de continuidad de la guerra, logrando importantes victorias y una explosión de su implantación territorial (Vélez, 2001). De hecho, ampliarían su nombre a FARC-EP (añadiendo las siglas de "Ejército del Pueblo), pasando del uso de emboscadas y otras tácticas guerrilleras a la conformación de un ejército más convencional con una estrategia de guerra de movimientos con especial importancia en zonas geográficas como el Putumayo,

---

3. La razón principal de adoptar la fórmula de la UP en vez de seguir con las siglas del PCC es generacional: hubo un claro llamamiento entre las de militantes comunistas de reagruparse en una nueva entidad política renovada, moderna y que consiguiera un poder real a través de la participación en elecciones democráticas, que esperaba ganar con claridad. En este proceso de reformulación, las ideas comenzaban a asemejarse cada vez más a un reformismo parlamentario socialdemócrata.

Caquetá y la cordillera oriental e incluso llegaron a rodear la capital bogotana (Villarraga Sarmiento, 2016d; 2016e; 2009; Vélez, 2001).

Durante el gobierno de Pastrana, se llevó a cabo un nuevo intento de paz, el llamado proceso del Caguán. Sin embargo, a pesar de lograr acuerdos entre ambas partes, muchos analistas (Villamarín Pulido, 2015; Soto Herrera, 2011; González Posso, 2009; Araújo, 2003) lo describen como una paz muy limitada, hasta cierto punto estratégica y con una clara vocación temporal, en la que ambos actores (el Gobierno y las FARC) se beneficiaron de una pausa técnica de la guerra.

El tipo de tratos que se dieron entre las partes –como el intercambio de prisioneros– y la falta de acuerdos más amplios en sectores como las políticas sociales o agrarias son analizados por los mencionados autores como indicaciones claras de que no hubo una voluntad real de llegar a un acuerdo de paz duradero que sirviera como instrumento para la finalización integral del conflicto armado.

> … desde muchos sectores de las FARC en vez de entender que en el Caguán habría una posibilidad real de negociación, lo veían como una forma de seguir acumulando fuerzas y por lo tanto el uso de la zona del despeje que se suponía era para propiciar una negociación terminó siendo un lugar para reparar reclutamiento, para cultivos ilícitos, para llevar a los secuestrados, para fortalecerse militarmente… (y) el gobierno de Pastrana tampoco estaba preparado para una negociación y, al contrario, con el Plan Colombia lo que terminó haciendo fue también utilizar la negociación para fortalecerse militarmente. Entonces creo que ahí desafortunadamente, tristemente, coincidieron gobierno Pastrana y las FARC en lo que yo llamo una mala lectura del momento, el no aprovechar esa posibilidad de negociación y para el contrario fortalecerse. (RI, 2022)

De este modo, la guerra continuó y, especialmente con la entrada del gobierno Álvaro Uribe, el conflicto se recrudeció bajo los imperativos del Plan Colombia. También fueron altamente relevantes los nuevos nexos de cooperación del gobierno de Uribe con el ejército estadounidense, que apoyó la modernización integral del ejército colombiano. Estados Unidos incluyó, por tanto, la derrota de las FARC entre sus objetivos en su lucha internacional contra el terrorismo (Veillette, 2005; Castro-Gómez, 2001; Chomsky, Cortes & Becerra, 2000).

Por su parte, el gobierno de Uribe, ante los fracasos anteriores de negociar la paz con las FARC, se posicionó en una creencia firme de que las soluciones diplomáticas habían fracasado con las FARC y que, por ello, se debería actuar con dureza e incluso llevar a cabo una guerra sucia para acabar con las guerrillas (véase Carrillo & Kucharz, 2006).

El Ejército Popular de Liberación (EPL)

El EPL fue una guerrilla colombiana de inspiración inicial maoísta y que, antes de firmar la paz y ser un actor clave en el proceso constituyente de 1991, obtuvo una fuerte implantación territorial, en especial, en áreas geográficas como el Caribe colombiano, Antioquia y el eje cafetero (Ocampo, 1996). Su trayectoria estuvo marcada por un fuerte crecimiento en los años 80, llegando a pasar esta organización guerrillera de 5 a 18 frentes rurales durante la década mencionada (IR, 2022). Sin embargo, especialmente ante el reformismo impulsado en China por Deng Xiaoping en la década de los 70, el EPL pasó por una serie de virajes ideológicos, provocando una variedad de líneas y corrientes conceptuales dentro de la organización.

Mientras que la gran mayoría de los frentes también eran exclusivamente rurales, una particularidad del EPL, a diferencia de las FARC, fue su capacidad de crear nexos poderosos entre su acción en zonas urbanas y rurales tanto como su capacidad de subordinar la acción militar a las directrices y decisiones del Partido Comunista de Colombia-Marxista Leninista (PCdeC-ML) creado en 1965 y que dictaba la acción del EPL (AZ, 2022). De esta manera, el EPL se organizaba como una mezcla de guerrilla y partido político, pudiéndose hablar de un "partido en guerra" (AZ, 2022). Al mismo tiempo, el EPL cuidaba fuertes nexos con la sociedad civil, como quedó en evidencia en su colaboración con la Juventud Revolucionaria Colombiana y numerosas milicias urbanas que afloraron especialmente en los años 80 (AZ, 2022).

Como es frecuente en grupos guerrilleros y movimientos políticos en general hay que diferenciar las siglas oficiales de la ideología real que se hace fuerte sobre el terreno o, más bien, las diferentes corrientes ideológicas internas que surgen. Así, el EPL contaba con una fuerte presencia de miembros con visiones maoístas, pero esto estaba en constante evolución híbrida y, finalmente, las corrientes maoístas y leninistas-marxistas perdían sustancia a través de adaptaciones que se daban de manera relativamente orgánica e híbrida (RI, 2022).

Por tanto, asignar una sola ideología al EPL sería cometer una simplificación, empezando por la dificultad de definir con claridad lo que significa el maoísmo en la práctica, más allá de unas siglas, y hasta qué punto puede estrecharse el concepto. Es decir, las diferencias ideológicas fueron hasta un alto grado semánticas y, en ocasiones, un instrumento de diferenciación de lucha de poder interna entre facciones o personas concretas.

Quedó de manifiesto en el trascurso de las décadas de los 70 y 80 una clara vocación política del EPL, que fue confirmada en el XI Congreso de esta guerrilla de 1980, durante el cual se decidió apostar y favorecer la lucha política sobre la armada (Villarraga Sarmiento, 2016b; Sánchez, 1995), buscándose, por ende, un proceso negociado que acabara con la Constitución de 1886 y adoptara una nueva Constitución (Ocampo, 1996).

Las decisiones tomadas en el XI Congreso de 1980 también significaron un distanciamiento de los planteamientos maoístas (Zuluaga Nieto, 1991) bajo el argumentario de que debería buscarse una solución propia "a la colombiana." Estas decisiones también significaron una ruptura con la guerrilla del ELN, que se había considerado una "organización hermana", pero que, al contrario del EPL, se mantuvieron en posturas menos propensas a negociar una paz reformista y apostaron por la continuidad de la lucha armada como método prioritario para llegar al poder (véase abajo).

El EPL, entonces, se decantó por apoyar alianzas de masas populares y tuvo una colaboración estrecha con el movimiento Frente Unido (Harnecker, 1988). Durante el proceso constituyente, buscaron posturas conjuntas con el M19 y las FARC, tratando de crear una base amplia de izquierdas de cara a las elecciones (Alape, 1996). Al firmarse la paz, algunos miembros del EPL se integraron en las filas del nuevo partido político creado por el M19, figurando en determinados casos en listas electorales.

El Ejército de Liberación Nacional (ELN)

El ELN es la única de las grandes guerrillas en Colombia que ha permanecido activa en su lucha armada desde su fundación en los años 60 hasta la actualidad. Por ello, muchos autores (Villamarín Pulido, 2020; Medina Gallego, 2010; Delgado Murcia, 2020; Cerón & Castillo, 2019; Pedraza, 2008; Hernández, 2006) han señalado al ELN como una guerrilla más radical, guevarista y ortodoxa además de representar una estructura interna más federada, en la cual cada frente tiene cierta capacidad independiente. También se ha escrito mucho de la relación del ELN con la Teología de la Liberación (Acevedo Tarazona & Delgado Díaz, 2012), argumentando que dicha conexión ha llevado a posturas más ortodoxas en cuanto a la defensa invariable de los principios de esta organización guerrillera. Así, el ELN se compuso de una serie de uniones de ideologías, incluyendo el guevarismo y el catolicismo de izquierdas.

Existe cierta tendencia por parte de los autores mencionados de realizar una racionalización ex post. Es decir, en parte por un desconocimiento mayor de esta guerrilla, la realidad de que el ELN todavía no haya firmado la paz (véase abajo) ha llevado a la conclusión común, por parte de numerosos autores, que el ELN es más radical sin entrar en más detalle sobre los procesos que llevaron a las posturas contrarias a la paz o sin entrar de manera más profunda en el análisis de los acuerdos parciales que ha firmado con el gobierno colombiano a lo largo de los años, especialmente con el gobierno Samper de los años 90 con el cual firmó el acuerdo de Würzburg para la defensa de derechos humanos en una etapa histórica durante la cual las FARC no entraron a negociar seriamente con el gobierno (véase Villarraga Sarmiento, 2016e; 2009).

Es decir, el hecho de que no se haya firmado la paz, no puede atribuirse únicamente a una mayor radicalidad, puesto que, en tal caso, sería incongruente a nivel analítico, que hubiera periodos en los que el ELN se sentó en la mesa con el gobierno, mientras que otros grupos –considerados menos radicales– ni siquiera plantearon la opción de negociar. Es más, las posiciones del ELN han evolucionado fuertemente y se han formulado una serie de propuestas que son tomadas como prerrequisito para que el ELN adopte un acuerdo de paz en Colombia (Medina Gallego, 2010). La bandera principal del ELN es la celebración de una Asamblea Nacional Popular (ANP)[4] que involucre al mayor número posible de actores locales, sectoriales y temáticos (de Currea Lugo, 2016).

Según Currea Lugo (2016), la postura del ELN es particular en que no busca imponer una agenda social concreta, sino más bien proveer nuevos canales para una consulta popular integral que facilite un diálogo popular sobre las necesidades del país. Parecido al EPL, el ELN siempre ha operado en una fuerte interconexión entre centros urbanos y zonas rurales, manteniendo lazos importantes con milicias urbanas, movimientos estudiantiles y organizaciones de la sociedad civil (Villarraga Sarmiento, 2016a; 2013d). De hecho, debido a su planteamiento de conexión con las masas populares, el ELN fue de los actores más permeados por los movimientos de paz de los años 80 y, especialmente, la década de los 90; al contrario de las FARC, que permanecieron más alejadas de los diálogos con los movimientos por la paz (AZ, 2022).

---

4. A diferencia de una asamblea constituyente, en la que las élites políticas negocian un nuevo orden para el país, la asamblea popular propuesta por el ELN es justamente un proceso contrario al poner a las masas populares en el centro de los procesos de negociación.

Tras la desaparición del M19 y EPL en los años 90, las FARC y el ELN empezaron una fuerte competición, llegando incluso a enfrentamientos armados directos entre las dos organizaciones (Villarraga Sarmiento; 2016a). El ELN ha sido a lo largo de los años una organización compleja con nexos sociales importantes, incluido con congregaciones jesuitas (Villamarín Pulido, 2020; Acevedo Tarazona & Delgado Díaz, 2012). La idea de organizar una consulta popular que lleve al eslogan de "metiéndole pueblo a la paz" ha sido central para la organización y se formula como el aspecto crucial para cualquier intento de negociar la paz (véase de Currea Lugo, 2016).

Una de las particularidades del ELN es que ha cuidado una combinación de redes rurales locales, urbanas con implantación nacional y, al mismo tiempo, nexos importantes internacionales llegando a realizar reuniones en varios países como Cuba, Suiza, Suecia, España y Alemania; en especial durante la etapa de los años 90. El Acuerdo de Würzburg de 1998, por ejemplo, fue de gran importancia para la organización, que comenzó a hablar en dicho acuerdo de posturas de "humanización del conflicto" en Colombia[5].

De forma parecida a las FARC con el establecimiento de la Unión Patriótica y el EPL en su colaboración con el movimiento Frente Unido, el ELN estableció un brazo político con su fuerte influencia sobre el movimiento social A Luchar (Fajardo Cely, 2017; AZ, 2022). Además, entorno al proceso constituyente de 1991, hubo una escisión importante del ELN, llamada la Corriente de Renovación Socialista (CRS) (Soriano, 2013; Medina Gallego, 2010) que tuvo más de 700 integrantes y optó por un rechazo de la guerra y la búsqueda de reformas socialistas dentro de un marco de reformas constitucionales y programas sociales que pudieran mejorar la situación socioeconómica del país. Representantes de la CRS como León Valencia y Antonio Sanguino fueron de especial relevancia en la formulación de nuevas posturas y la ruptura con el ELN (AZ, 2022).

5. Nótese la incongruencia de hablar de guerra humana, ya que la guerra, por definición, provoca impactos nefastos y catástrofes humanitarias. Además, hubo una gran diferencia entre las promesas del ELN en los Acuerdos de Würzburg y la realidad sobre el terreno. Sin embargo, es analíticamente relevante que hubiera etapas en las que no parece sostenerse la idea de que el ELN fuera, por definición, más radical que las FARC. Es decir, es más probable que los grados de radicalidad percibida fueran productos circunstanciales más que motivaciones ideológicas fijas.

El Movimiento 19 de Abril (M19)

Mientras que las FARC, el ELN y el EPL surgieron todos durante la década de los 60 (entre 1964 y 1967) y todos adoptaron una ideología comunista, el M19 apareció como la cuarta guerrilla principal de Colombia, sin embargo, bajo criterios ideológicos relativamente distintos y una agenda más limitada. El M19 se organizó como guerrilla a raíz del fraude electoral que hubo en los comicios de 1970 (véase Alonso, 2021) y fue fundada por antiguos integrantes de las FARC – especialmente Jaime Bateman – que habían sido expulsados por las FARC por su viraje hacia el reformismo y la defensa de ideas socialdemócratas (Herrera, 2002).

De este modo, la agenda del M19 se centró en renovar el sistema político colombiano, adoptando una agenda socialdemócrata y reformista desde sus primeras reuniones (OL, 2022; TG, 2022). Desde sus comienzos, el M19 fue, especialmente a nivel interno, muy sensible a lo político y dispuesto a la negociación con el Estado (OL, 2022). Fue un movimiento que surgió de manera urbana, pero consiguió, al mismo tiempo, implantarse en zonas rurales para su lucha armada (Villarraga Sarmiento, 2016a; 2016b).

Sus actos comenzaron siendo principalmente simbólicos, pero hubo una transición gradual al establecimiento como fuerza militar (Villarraga Sarmiento 2016a; 2008). De hecho, el primer acto del M19 consistió en robar la espada de Bolívar en 1974, que permaneció en manos del M19 hasta 1991 tras la firma de paz. Desde sus comienzos, fue un grupo más abierto que las demás guerrillas a alianzas amplias en la sociedad, llegando a tener una capacidad importante para impactar a la opinión pública y tejer mecanismos de colaboración con la sociedad civil, los movimientos estudiantiles y los círculos académicos del país (AZ, 2022; OL, 2022; TG, 2022). De este modo, su origen era altamente urbano y su implantación rural surgió más bien como necesidad estratégica. Es decir, el M19 se tornó más rural con el progresivo deterioro de los frentes urbanos y su desplazamiento a la clandestinidad (AZ, 2022; TG, 2022).

En su relación con otras guerrillas, el M19 trató de posicionarse como un actor renovador con el objetivo final de la presencia de garantías creíbles para la celebración de elecciones limpias y transparentes, en las que hubiera un hueco para la izquierda colombiana. Territorialmente, el M19 cobró una fuerte presencia en zonas como el Valle del Cauca, el eje cafetero y Nariño (AZ, 2022). El objetivo armado fue una rápida toma del poder en cooperación con otros movimientos y guerrillas colombianas – es decir, el uso de la fuerza se percibía por la mayoría de los miembros como una necesidad temporal.

Un giro indispensable en contra de las armas y en favor de la aceleración de la solución política negociada fue el fracaso militar de su proyecto estrella, el Batallón América (Villarraga Sarmiento, 2016a), que se dispuso al uso de un gran frente de 400 combatientes para la toma de la ciudad de Cali. Desplazados, pero no derrotados, los miembros del M19 se abrieron a cambios de postura a favor de otros métodos de lucha y ganó fuerza la búsqueda de la vía política (AZ, 2022; TG, 2022).

Eventos como los secuestros en la embajada dominicana o la Toma del Palacio de Justicia, tuvieron un rol importante al erosionar la imagen pública del M19 (Narváez Jaimes, 2012). Esto causó una presión grandísima dentro del M19 para cambiar posturas que pudieran ayudar a recuperar el apoyo popular que habían perdido en estos eventos (TG, 2022).

También entendieron, como resultado de debates internos, que los cambios políticos nacionales e internacionales de los 90 eran favorables a una integración de las antiguas guerrillas al sistema político (TG, 2022). Otro elemento crucial en el viraje de la organización fue el liderazgo de Carlos Pizarro y su cambio de postura a favor de la paz, que incluso fue percibido por varios comandantes como un cambio de postura muy repentino (TG, 2022). De hecho, el M19 ha sido descrito como la guerrilla más caudillista de Colombia con un acatamiento casi absoluto a las decisiones de Carlos Pizarro (OL, 2022; TG, 2022).

En el momento de decantarse por un proceso de negociación que llevara a una paz duradera, Carlos Pizarro había sido asesinado durante su campaña como candidato presidencial; pero se cumplió con la hoja de ruta hacia la paz que había marcado anteriormente. Tan solo dos miembros de toda la organización votaron en contra de la paz y pasaron a integrarse en otros grupos guerrilleros (OL, 2022; TG, 2022).

Otros grupos guerrilleros y milicias revolucionarias

Más allá de las grandes guerrillas, ha habido una serie de actores armados adicionales que han convertido a Colombia en un caso muy complejo de disputas, de colaboraciones puntuales y competencia persistente entre guerrillas. Entre los grupos que fueron cercanos a las guerrillas se encuentran, por ejemplo, el Movimiento Armado Quintín Lame (MAQL) y el Partido Revolucionario de los Trabajadores (PRT). Estos no llegaron a representar una amenaza directa al Estado y, más bien, se centraban en otros valores distintos a la toma del poder del Estado colombiano (AZ, 2022): los grupos como el Quintín Lame o el PRT se centraron en la autodefensa en sus respectivos territorios y, por regla general, su estrategia no pasaba por una ofensiva directa contra el Estado, si no que trataban de centrarse en su autonomía y la resistencia (véase Villarraga Sarmiento, 2016a; 2016c).

El Quintín Lame, que fue de origen indígena, operaba principalmente en el Cauca, protegiendo los intereses comunitarios de la población indígena. Ambos movimientos (MAQL y PRT) fueron de extensión más limitada y, en especial el Quintín Lame, se enfocaron en intereses regionales sin intención de tomar los grandes centros de poder (Villarraga Sarmiento, 2016; 2008; AZ, 2022). Ambos grupos mantuvieron una estrecha relación con los grandes movimientos guerrilleros, en especial las FARC, el M19 y el EPL, tanto para su formación en el uso de armamentos como en la organización de acciones conjuntas puntuales (AZ, 2022).

Otros actores que no llegaron a ser guerrillas propiamente dichas, pero tuvieron un fuerte ideario heredado de dichos grupos guerrilleros fueron las milicias urbanas que, especialmente en los años 80, tomaron una relevancia importantísima en los grandes núcleos urbanos y, en especial, en la ciudad de Medellín (IR, 2022). En diversos puntos de Colombia, surgieron milicias conectadas directamente con las guerrillas tradicionales (especialmente con el EPL, el ELN y el M19), pero, al mismo tiempo, también se crearon una serie de milicias independientes como las Milicias Populares del Pueblo y para el Pueblo (MPPP), las Milicias Populares del Valle de Aburrá y las Milicias Metropolitanas de Medellín. También surgieron las Milicias Independientes Revolucionarias (MIR) y los Comandos Armados del Pueblo (COAR) (Villarraga Sarmiento, 2016a; 2008; AZ, 2022).

La mayoría de estas milicias firmaron la paz entre 1994 y 1998. Por un lado, la presencia de estas milicias hizo el tablero de negociación más complejo en cuanto a la mayor presencia de actores con diferentes agendas, pero, al mismo tiempo, al ser más urbanos y localizados fueron una fuerza en la creación de nexos concretos que pudieran facilitar unas negociaciones amplias en los centros urbanos del país. Las guerrillas trataron de beneficiarse de estas redes y buscaron asiduamente un contacto directo para reclutar y expandirse como organizaciones (AZ, 2022). Al invertirse la posición de varias guerrillas (en especial EPL y M19) a favor de la paz (AZ, 2022) en los años 90, estas milicias tuvieron un rol importante en la consolidación de la paz en centros urbanos. Sin embargo, algunas organizaciones criminales –tales como el narcotráfico– consiguieron captar antiguos integrantes de las milicias, una vez que habían desaparecido (AZ, 2022).

Actores adicionales, que hay que tener en cuenta, son las disidencias de los grupos guerrilleros. Tanto en los procesos de negociación e implementación de la paz con el EPL de los años 90 como los procesos de paz más recientes con las FARC en 2016, hubo una serie de frentes o facciones de frentes que decidieron continuar con la lucha, desobedeciendo las ordenes de firmar la paz que dieron los dirigentes correspondientes. En muchas ocasiones estas disidencias surgían por una falta de confianza en las garantías de seguridad y protección que prometía el gobierno (NM, 2022) o por cuestiones ideológicas que veían un determinado acuerdo de paz como incompleto e insuficiente para legitimar una postura que acabara con la lucha armada (NM, 2022).

El ejemplo de las FARC muestra el impacto negativo que pueden tener sobre un proceso de paz eventos circunstanciales y concretos como la pérdida del referéndum que trataba de buscar apoyo popular para los acuerdos de La Habana (NM, 2022). También las matanzas a firmantes de paz han sido señaladas como un factor crítico en la vuelta a las armas de varios líderes regionales que inicialmente habían sido promotores indispensables para llegar al acuerdo de paz (NM, 2022). El caso de menos disidencia, como ha sido descrito arriba, fue el del M19: cuando se firmó la paz sólo dos miembros se distanciaron de la paz en el congreso que hizo que los acuerdos sustentados fueran aceptados por la organización guerrillera (OL, 2022; TG, 2022).

Por el contrario, tanto en el proceso con el EPL en los años 90 como en el proceso con las FARC en 2016 en torno al 5 por cien de la estructura guerrillera decidió no participar en el desarme y seguir su lucha armada (NM, 2022). Las disidencias, sin embargo, también se dieron a la inversa, es decir, a favor de la paz: fue el caso del ELN, donde la Corriente de Renovación Socialista se opuso al resto de la organización y decidió negociar la paz en un entorno en el que el resto de la organización del ELN permaneció en su postura y siguió llevando a cabo la guerra (Soriano, 2013; véase arriba).

	FARC	EPL	ELN	M19
Ideología y corrientes	• Marxismo • Leninismo • Socialismo • Bolivarianismo	• Marxismo • Leninismo • Maoísmo • Socialismo	• Guevarismo • Camilismo • Socialismo • Latinoamericanismo • Catolicismo	• Socialismo a la colombiana • Nacionalismo • Bolivarianismo • Reformismo
Modelo orgánico	• Estructura jerárquica. • Conexión política a través del Partido Comunista (PCC). • Principalmente rural, algunos intentos de frentes urbanos. • Lo militar y lo político tiene peso diferente en cada etapa.	• Estructura jerárquica y muy partidista. • Subordinado al partido PCC-ML. • Combina: Partido, Ejército, Milicias y Organizaciones de Masas. • Mayor capacidad urbana que las FARC, pero menor que el ELN y el M19.	• Estructura jerárquica y rígida, mandos colectivos. • Focos revolucionarios, células de guerrilla urbana. • Colaboración con movimientos sociales, estudiantiles y organizaciones de masas. • Lo militar subordina lo político.	• Combinación de organizaciones populares de masas con focos revolucionarios y células de guerrilla urbana. • Combinación de acción militar y acción simbólica (ejemplo: robo de la espada de Bolívar). • Lo militar y lo político tiene peso diferente en cada etapa.
Modelo de guerra	Modelo de Guerra Popular y Prolongada. Pasa de guerrilla a guerra de movimientos y ejército consolidado en los años 90.	Del modelo insurreccional, pasan al modelo de guerra popular y prolongada, sobre todo, pero no exclusivamente en zonas rurales.	Del modelo insurreccional, pasan al modelo de guerra popular y prolongada. Fuerte presencia de tácticas del foquismo.	Modelo insurreccional, toma de instituciones judiciales y embajadas. Centrado en zonas urbanas con intentos de aumentar presencia en zonas rurales.
Líderes históricos destacados	Manuel Marulanda, Jacobo Arenas, Raúl Reyes, Alfonso Cano, Timoleón Jiménez, Pablo Catatumbo, Victoria Sandino.	Pedro León, Óscar Calvo, Ernesto Rojas, Bernardo Gutiérrez, Francisco Caraballo.	Fabio Vásquez, Camilo Torres, "El Cura Pérez", Nicolás Rodríguez, Antonio García, Pablo Beltrán.	Jaime Bateman, Iván Marino, Álvaro Fayad, Carlos Pizarro, Antonio Navarro, Vera Grabe, Gustavo Petro, Otty Patiño.

Tabla 1. Síntesis de las principales guerrillas en Colombia, sus corrientes ideológicas, estructura orgánica, modelo de guerra y líderes destacados a lo largo del tiempo (elaboración propia, adaptado de Narváez Jaimes, 2022)

GRUPOS PARAMILITARES EN COLOMBIA

Por otro lado, los paramilitares han sido otro actor fundamental del conflicto armado. Una variedad extensa de grupos paramilitares ha irrumpido, a lo largo de las décadas, con fuerza en la contienda entre guerrillas y el ejército colombiano (Rivera, 2007). Se pueden distinguir tres grandes fases del paramilitarismo en Colombia (Ramírez, 2007; EV, 2022). En un principio, al igual que las guerrillas colombianas, los grupos paramilitares surgen del periodo de La Violencia, siendo grupos que apoyan a la causa conservadora en la lucha contra liberales, así como los primeros grupos armados de izquierdas (Centro Nacional de Memoria Histórica, 2018; EV, 2022).

La primera fase del paramilitarismo fue más informal y menos organizada, siendo frecuentemente analizadas las primeras formaciones paramilitares como grupos de escopeteros y mercenarios a pago de los grandes terratenientes que trataban de proteger sus fincas (Centro Nacional de Memoria Histórica, 2018; EV, 2022). En este contexto, el gobierno y el estatus quo apoyaron la organización de estos grupos, contando los grupos paramilitares incluso con amparo legislativo en su formación como grupos de autodefensa, que, bajo este marco favorable, ganaron importante influencia a través de los 60 y 70, especialmente en zonas del Magdalena Medio (Centro Nacional de Memoria Histórica, 2018; EV, 2022; Loingsigh, 2002) y, progresivamente, fueron expandiéndose territorialmente.

La segunda gran etapa del paramilitarismo comenzó, entonces, con la progresiva organización formal de las estructuras paramilitares, especialmente a partir de las Convivir durante los gobiernos de Gaviria y Pastrana (Rivera, 2007). Replicando el modelo de lucha contra insurgentes que se estaba dando en casi toda Latinoamérica. Actores como los Buitragueños o las Autodefensas Campesinas del Meta y Vichada alcanzaron una fuerte presencia militar y, progresivamente, las organizaciones paramilitares se expandieron en todo el territorio nacional como respuesta directa al combate en contra de las FARC que, durante las década de los 90, llegarían a ser una amenaza real al estatus quo, implantándose en casi todos los territorios de Colombia y llegando a convertirse en un ejército (AZ, 2022; EV, 2022) como ha sido descrito anteriormente.

Bajo la Doctrina de Seguridad Nacional de Estados Unidos y el entrenamiento puntual por parte de agentes israelíes, el paramilitarismo afloró en casi toda Colombia (EV, 2022), en especial, a partir de 1997 con la creación de las Autodefensas Unidas de Colombia (AUC), una organización confederativa que aglutinaba a muchos de los grupos paramilitares colombianos, actuando como organización coordinadora y transformando las estructuras paramilitares de frentes locales a ejércitos interregionales (García Pérez, 2022) con poderes que trataban de infiltrarse en toda la sociedad colombiana y que consiguieron, en numerosas ocasiones, una fuerte fuente de financiación a través del narcotráfico (García Pérez, 2022).

Las posturas del paramilitarismo se centraron en la captación de todos los recursos materiales, humanos y financieros (García Pérez, 2022; 2020; EV, 2022); llegando incluso a implantar sistemas de recaudación de impuestos propios para financiar su lucha (Rivera, 2007). Adicionalmente, surgió el Bloque Central Bolívar como otra organización paramilitar de un poder grandísimo, pero que, a diferencia de otros grupos paramilitares, rechazaban el financiamiento a través del narcotráfico (EV, 2022). La presencia paramilitar, en definitiva, llegó a casi todos los rincones de Colombia, incluida la presencia del llamado Bloque Capital de las AUC, que llegó a operar en la capital bogotana (Jaimes Vargas, 2018).

En la tercera fase, tras los debilitamientos de las FARC, la reestructuración del Ejército Colombiano y el aumento de la capacidad de ejercer la guerra por parte de las Fuerzas Armadas durante los gobiernos de Pastrana y Uribe, los paramilitares entraron a una serie de negociaciones para su propia desmovilización, especialmente entre 2004 y 2007, llegándose a negociar y proceder a la desmovilización de decenas de grupos paramilitares, incluidas las estructuras de la AUC (García Pérez, 2022).

Sin embargo, las negociaciones fueron minimalistas (EV, 2022), típicamente entre el Gobierno y los cabecillas de los grupos paramilitares, llegando a una rápida desmovilización poco controlada y difícil para la organización exitosa de la integración de todos los excombatientes a la vida civil (EV, 2022). Por ende, era frecuente que miembros mercenarios de los grupos paramilitares ofrecieran sus servicios al siguiente mejor postor, llevando a una situación de "guerras recicladas" (Ronderos, 2014), por las cuales se formaron nuevos grupos y estructuras afines al paramilitarismo o del crimen organizado, que suelen conocerse como bandas emergentes o bandas criminales (bacrim)[6].

Un caso anecdótico pero ilustrativo en este sentido fue el de Dairo Antonio Úsuga David, alias Mauricio, que tras su paso por la guerrilla del EPL, fue mercenario de las AUC y, al disolverse éstas, se convirtió en el máximo jefe del Clan del Golfo (EV, 2022). El narcotráfico ha sido un agravante general del conflicto armado en Colombia, tratando de infiltrarse en todas las estructuras de poder económico y sociopolítico (EV, 2022).

Especialmente a partir de los años 80 y 90, el narcotráfico logró un poder económico y político del que empezaron depender todos los grupos que quisieran buscar influencia en Colombia (DY, 2022; EV, 2022; YB, 2022). De este

6. Las guerras recicladas nos on un fenómeno aislado en Colombia. Es habitual que, personas que han aprendido a hacer la guerra durante un conflicto civil, acaben empleando esta violencia de otra manera. Como ejemplo anecdótico incluso podría señalarse el caso de los forajidos y las bandas criminales de mercenarios que siguieron a la guerra civil de EE. UU.

modo, los carteles, las mafias y los grupos criminales asociados al narcotráfico tuvieron una fuerte penetración tanto en las estructuras gubernamentales como los grupos paramilitares e, incluso, frentes concretos de las guerrillas (EV, 2022).

Principales actores del movimiento social y pacifista en Colombia

Frente a los actores de la guerra, hubo una serie de actores promotores de la paz que tuvieron una relevancia esencial a la hora de cambiar la dinámica del conflicto interno colombiano, moldeando fuertemente la opinión pública del país y estableciendo fuertes redes de influencia sobre los órganos de decisión política, así como las diferentes estructuras guerrilleras y demás actores del conflicto.

En especial, durante la década de los 80 y los 90 hubo un Movimiento Ciudadano y Social por la Paz, que cambió de manera abrupta el panorama político de Colombia, restando legitimidad al uso de las armas y promoviendo cambios culturales nacionales, que llevaron a una fuerte implantación del pacifismo (véase Villarraga Sarmiento, 2013d). Este pacifismo penetró profundamente en casi todas las estructuras estatales e, incluso, contagió a movimientos sociales y estudiantiles que tradicionalmente habían sido cercanos a las guerrilleras (AZ, 2022).

Estos movimientos pacifistas tuvieron una fuerte influencia en la creación de una sociedad civil fuertemente comprometida con la paz, un enjambre de organizaciones defensoras de derechos humanos y la creación de órganos consultivos como el Consejo Nacional de Paz como institución de representantes de la sociedad civil, cuyo mandato se definió como el de consultar a la Presidencia del gobierno colombiano sobre la paz. El legado de estas organizaciones y movimientos civiles sería, nuevamente, de especial importancia durante los procesos de paz con las FARC a partir de 2010, según señalan autores como Álvaro Villarraga Sarmiento (2013d).

La alternativa moral a la guerra fue cobrando fuerza en Colombia, especialmente a partir de los años 80 y 90; sin embargo, durante los gobiernos de Uribe sufrió un retroceso importante en cuanto a su actividad y visibilidad. En cualquier caso, estos movimientos significaron una semilla importante una vez que el gobierno de Santos quiso negociar la paz con las FARC y, en la actualidad, muchas de las personas vinculadas con los movimientos por la paz de los años 80 y 90 han estado ligadas al triunfo electoral de Gustavo Petro bajo el Pacto Histórico y han tenido un alto impacto en la agenda del presidente Petro de querer promover una paz total en Colombia, llevando al inicio de negociaciones con el ELN.

Durante los años 80, los precedentes más relevantes del Movimiento Ciudadano y Social por la Paz incluyeron los Foros por el Derecho a la Vida, la Paz y la Apertura Democrática; los Foros por los Derechos Humanos y la Democracia; la labor del Episcopado por la Vida, la Justicia y la Paz; el Encuentro Nacional por la Paz; el Consejo Regional Indígena del Cauca (CRIC); y la Mesa de Convergencia Nacional. En los años 90, entre las actividades que mayor impacto tuvieron se encontraron la del Comité Permanente por la Defensa de los Derechos Humanos; la Asociación Nacional de Usuarios Campesinos de Colombia (ANUC); los Foros Nacionales de los Trabajadores por la Paz; o la importantísima labor del proyecto "Colombia Va".

A estos ejemplos deben añadirse las importantes iniciativas de la REDEPAZ; el trabajo de la Comisión de Conciliación Nacional; el Mandato Ciudadano por la Paz, la Vida y la Libertad; el Movimiento de Niñas y Niños por la Paz; la Asamblea Permanente de la Sociedad Civil por la Paz; la Asamblea Nacional de Mujeres por la Paz; la Ruta Pacífica de Mujeres por la Solución Negociada del Conflicto Armado; la Consulta Latinoamericana de Mujeres por la Construcción de la Paz; el Movimiento de Mujeres Contra la Guerra; o la Fundación Ideas para la Paz. También jugaron un rol esencial las asociaciones de víctimas del conflicto, que impactó de manera significativa en la percepción pública sobre la (falta de) legitimidad de muchos de los discursos de la lucha armada. Las anteriores son ejemplos de numerosas iniciativas, marchas y actos que desarrollaron toda una variedad de tejidos civiles favorables a la paz.

También habría que incluir numerosos movimientos adicionales como los de carácter juvenil y universitario o los de otras organizaciones colectivas que representaban las sensibilidades indígenas de otras regiones. En definitiva, cualquier análisis sobre los actores de la lucha armada en Colombia debe tener en cuenta estas movilizaciones ciudadanas a favor de la paz que se dieron en Colombia a partir de los años 80.

Como será explicado posteriormente, muchas de las organizaciones guerrilleras buscaban apoyos clave en el tejido social del país y se vieron profundamente impactadas por la creciente presencia de un discurso social que demandaba una alternativa moral a la guerra y una nueva forma de activar a la sociedad en favor de las justicias sociales y en contra de la violencia. Estos movimientos también tendrían, más adelante, un importante impacto a la hora de fomentar una agenda de justicia transicional en las negociaciones y sirvieron como impulso para que procesos de paz futuros tuvieran componentes de búsqueda de la justicia restaurativa con el establecimiento de organizaciones como la Jurisdicción Especial para la Paz (JEP) o la Comisión de la Verdad; así como las demandas de incluir reparaciones para las víctimas y garantías de no repetición.

Capítulo 4

Pensar la paz: Los principales procesos desde 1984

Tras más de dos décadas de guerras sordas sin negociación entre guerrillas y el Estado colombiano, los grupos guerrilleros fueron perdiendo la fe en que pudieran tomar el gobierno central al modo cubano. A partir de 1982, bajo estas consideraciones, el gobierno de Betancur fue el primero en buscar una negociación integral que llevara a la paz y la reintegración de los grupos guerrilleros a la sociedad civil y la acción política desde las instituciones políticas del país (Villarraga Sarmiento, 2016b).

Por tanto, las posiciones de los actores de la guerra interna de Colombia se vieron fuertemente influenciados por un momento histórico en el que las revoluciones comunistas no parecían haber avanzado con la rapidez y contundencia que habían predicado las visiones marxistas-leninistas. Así mismo, se había experimentado una creciente discrepancia entre varias naciones comunistas, tales como las que se dieron por la incapacidad de la Unión Soviética y China de marcar una agenda global común desde la Ruptura Sino-Soviética que persistió a lo largo de los años e incluso llevó a modelos radicalmente diferenciados en la relación de cada país con el capitalismo occidental.

La esperada internacionalización de las revoluciones no parecía llegar y tampoco se dio una ola generalizada de revoluciones exitosas en Latinoamérica; Estados Unidos logró contener el avance de las agendas socialistas y comunistas. En los años 80, la crisis internacional del comunismo era evidente. La capacidad de formular un plan de paz por parte de Betancur y la realidad de que las guerrillas se mostraran más propensas a negociar estaba conectada con una realidad de base internacional en la que el socialismo y el comunismo ya no parecían estar en un auge que pudiera provocar un cambio sistémico en contra de Occidente.

Al contrario, las fuerzas internacionales del comunismo estaban gestando un reformismo que alcanzó a China en los años 70 y a Rusia formulada más tarde como Perestroika. Al mismo tiempo, el capitalismo no lograba derrotar al comunismo de manera clara. Como consecuencia directa, podemos identificar que internacionalmente, incluida Colombia, comienzan a cambiar los postulados conceptuales que veían al comunismo y al capitalismo como sistemas necesariamente incompatibles.

En este contexto internacional de estancamiento de los avances comunistas, la delicada situación financiera de los gobiernos comunistas y la creciente sensación de que la economía planificada no estaba dando los frutos esperados en los países donde el comunismo había implantado este sistema económico, muchos de los grupos revolucionarios vieron necesario un debate y una actualización ideológica sobre los fundamentos conceptuales y la hoja de ruta que marcaba el marxismo-leninismo.

Es importante resaltar que el comienzo de los primeros procesos de paz de Colombia estuvo marcado no sólo por un reformismo del comunismo a escala global, sino, de la misma manera, el creciente reformismo y los intentos de negociación por parte de numerosas guerrillas en diferentes geografías de Latinoamérica, especialmente con el comienzo de procesos de paz en El Salvador y Guatemala.

De esta manera, los años 80 y 90 vieron toda una ola de intentos de reformismo por parte de los actores comunistas a escala global, regional y local. Sin embargo, la voluntad de negociar y la predisposición teórica de integrarse al sistema institucional del país era altamente condicional a las circunstancias, a las ofertas concretas que se fraguaban por parte del Estado y, especialmente en caso donde fracasó un proceso de paz, los niveles de desconfianza seguían siendo altísimos entre el Estado y las guerrillas. En Colombia, dada la variedad de actores y procesos de paz diferentes, pueden distinguirse cinco fases principales.

1. PRIMERA FASE DE NEGOCIACIONES DE PAZ: LOS ACUERDOS DE LA URIBE CON LAS FARC; LOS ACUERDOS DE CORINTO, EL HOBO Y MEDELLÍN CON EL M19, EL EPL Y EL PARTIDO COMUNISTA DE COLOMBIA (M-L) DE 1984

En un contexto de nuevos engranajes en la disputa global entre Occidente y el comunismo, el gobierno colombiano de Betancur tuvo claro desde su comienzo que debía de cambiar algo drástico en las relaciones entre el gobierno y las guerrillas para romper la espiral de la violencia de manera progresiva y, finalmente, poder encauzar el fin de la guerra. Desde el discurso de toma de posesión en 1982, se dio un giro importante a la política tradicional de combatir las guerrillas en el campo de batalla.

A este acto de buena fe, al pronunciarse a favor de la paz con las guerrillas desde el comienzo, le siguió la decisión de ofrecer ventajas jurídicas, principalmente en forma de amnistías, a los guerrilleros encarcelados que deseaban dejar las armas definitivamente e incorporarse a la vida civil (véase Padilla Berrío, 2017). Estos actos sirvieron como muestra de las intenciones serias del gobierno de Betancur de negociar con las guerrillas y fueron interpretados como tales por la mayoría de los grupos armados guerrilleros que, efectivamente, se sentaron en la mesa de negociación con el gobierno.

Por un lado, las FARC, en la localidad de la Uribe, llegaron a acuerdos sustanciales con el gobierno, incluyendo el objetivo de su transformación hacia un partido político con el establecimiento de la Unión Patriótica (UP) (Comisión de Paz & FARC-EP, 1984). Las FARC, en los acuerdos, se comprometieron al cese al fuego, la eliminación del secuestro, la terminación del terrorismo como táctica de extorsión al gobierno, la creación de una Comisión Nacional para la verificación del acuerdo (con subcomisiones regionales) y la mencionada transición progresiva a partido político (Comisión de Paz & FARC-EP, 1984).

Por otro lado, el gobierno se comprometió a "una amplia voluntad de" impulsar "la modernización de las instituciones políticas", aplicar "una política de reforma agraria", reforzar el sindicalismo, promover la educación, la vivienda, la salud, el empleo, así como mecanismos de "perdón y olvido" (Comisión de Paz & FARC-EP, 1984, p. 1-4). El Acuerdo fue firmado por la Comisión de la Paz por parte del gobierno y por los líderes de las FARC Marulanda, Jacobo Arenas, Jaime Guaracas, Alfonso Cano y Raúl Reyes. El contexto internacional, al no haberse dado una hegemonía política, militar y moral de Occidente, aún era propenso a soluciones que dotaran de cierta autoridad moral a la causa de las guerrillas.

Por otra parte, el gobierno llevó a cabo negociaciones paralelas con el M19 y el EPL. El 24 de agosto de 1984, se firmó el primer acuerdo entre el gobierno el M19, el EPL y el Partido Comunista de Colombia (M-L) (Gobierno, M19, M-L, EPL, 1984). En el texto de dicho acuerdo se estableció el cese al fuego entre las partes involucradas, el compromiso de terminar con el secuestro y el terrorismo como prácticas guerrilleras, la puesta en marcha de investigaciones para localizar a desaparecidos, la búsqueda de una reforma democrática en las instituciones del país, así como la celebración de un gran diálogo nacional que impulsara reformas políticas y socioeconómicas de gran calado (Gobierno, M19, M-L, EPL, 1984). Mientras tanto, tras el fracaso del diálogo en primeras tomas de contacto, no hubo un proceso similar con el

ELN (Medina Gallego, 2010), pero se dieron primeros movimientos internos para plantear vías bajo las cuales aceptarían una paz (AZ, 2022).

En los años 80, algo profundo estaba cambiando en la sociedad colombiana en torno a las demandas sociales de paz (véase Ibarra Melo, 2008). Sin embargo, como reconoce John Agudelo Ríos, quién fue presidente de la Comisión de Paz durante el gobierno Betancur, el proceso hacia estos cambios de postura no fue directo. Al comienzo, el clima de "desconfianza mutua, el pesimismo de los colombianos, la aceptación misma de la violencia existente en ese periodo, eran factores que conspiraban contra todo posible entendimiento" (cita de Agudelo Ríos en Villarraga Sarmiento, 2016b, p. 27).

En el momento de las primeras negociaciones, las alianzas sociales por la paz eran incipientes y predominaba una cultura de guerra y de confrontación por ambas partes que dejaba de lado las vías de negociación y que, en parte, explica que, en las primeras décadas, no hubiera intentos importantes de negociación y pactos entre el gobierno y las guerrillas. En muchos procesos de paz, y Colombia no fue una excepción, los primeros intentos de acuerdo adolecen de una maduración suficiente para deshacer miedos, desconfianzas y dilemas políticos y éticos (López-Martínez, 2019).

Adicionalmente, no se acordó en primera instancia el desarme de los grupos guerrilleros, provocando una situación tensa a nivel de estrategia militar (TG, 2022). En este clima de incertidumbre, las guerrillas no respetaron lo acordado y tuvo lugar la continuidad de las batallas, de los secuestros y las desapariciones forzadas. Durante los meses que siguieron a los primeros acuerdos de paz, tuvieron lugar sucesos traumáticos como la Toma del Palacio de Justicia por parte del M19 (1985), acabando en un desastre humanitario que llevó a un deterioro importante de la imagen pública de dicho grupo guerrillero como ha sido discutido anteriormente.

Pero, paradójicamente, sucesos como este dejaron en evidencia que la opinión pública estaba comenzando a ser muy crítica con el discurso de las guerrillas y la tolerancia de las acciones violentas como medio de cambio empezaron a rechazarse de manera rotunda inclusive por sectores civiles que habían mantenido simpatías con las causas y los objetivos revolucionarios de promoción de un sistema económico más igualitario. Por tanto, fue especialmente en estos años de reformismo y de distensión internacional cuando comenzaron a fraguarse muchos de los cambios conceptuales entre líderes guerrilleros que facilitaron los primeros intentos de acuerdos de paz en países como Colombia.

2. El proceso constituyente: La paz con el M19, el EPL, PRT, MAQL, CRS y grupos milicianos en torno a la Constitución de 1991

En plena descomposición de la Unión Soviética, se dio una nueva posibilidad de negociar acuerdos de paz en Colombia con las diferentes guerrillas. Si la distensión de la Guerra Fría de los años 80 ya había sido un elemento clave para presionar a grupos guerrilleros internacionalmente a la hora de considerar cambios conceptuales reformistas, la caída del muro de Berlín significó la destrucción del dique que evitaba un reformismo más profundo.

Es decir, con la desaparición de uno de los principales referentes internacionales del comunismo, se abrieron debates de reformismo dentro de los grupos guerrilleros de Colombia que habían sido contenidos durante años de fracasos militares sobre el terreno. De alguna manera, a nivel conceptual, la Guerra Fría daba aliento a las guerrillas a seguir luchando, mientras que se creaban las condiciones globales para el triunfo del comunismo. Una vez que la Guerra Fría desaparecía, esta especie de muleta intelectual para justificar la continuidad de la guerra a pesar de la imposibilidad de ganarle al Estado colombiano desaparecía o, al menos, perdía claridad. Por tanto, los sucesos locales y globales estaban estrechamente conectados en la escala de lo conceptual y lo intelectual.

Tras los esfuerzos del gobierno Betancur, los gobiernos que siguieron, tanto el gobierno Barco (de 1986 a 1990) como el de Gaviria (de 1990 a 1994), heredaron y continuaron una tradición ambivalente gubernamental: la mano tendida para negociaciones de paz y la obtención de acuerdos parciales, sin descartar la vía militar para seguir avanzando en victorias estratégicas sobre las guerrillas, incluido el apoyo estatal al paramilitarismo (véase Centro Nacional de Memoria Histórica, 2018; EV, 2022). En esta doble estrategia gubernamental, las treguas eran inestables y se siguió persiguiendo fuertemente a las guerrillas tanto como sus voceros en las ciudades y centros de poder (JQ, 2022; MN, 2022). Un factor que llevó al rápido deterioro de los procesos de paz iniciales fue la experiencia traumática de la UP[1], que sufrió un exterminio sistemático de sus líderes e integrantes por diferentes fuerzas, especialmente el paramilitarismo, contrarias a la integración de las FARC a la política institucional colombiana y su posible éxito en las urnas (Cepeda, 2006).

---

1. Para más contexto sobre la exterminación de miembros de la UP, véase el *Informe No. 170/17* de la Comisión Interamericana de Derechos Humanos.

Por otro lado, se dio la situación de que las FARC se mantuvieron firmes en un discurso que apoyaba lo acordado en la Uribe, mientras no se avanzó en la posibilidad de su desarmarse. De este modo, varios autores señalan (Pataquiva García, 2009; Medina Gallego, 2008) que, desde el acuerdo de la Uribe, las FARC persiguieron una estrategia de combinación de todas las formas de lucha, buscando una victoria política en las urnas sin ceder en el espacio de dejación de armas y continuando con batallas militares sobre el terreno.

Esta situación llevó a altos grados de desconfianza entre el gobierno, por un lado, y las FARC y la UP, por otro lado, haciendo inviable la conclusión de acuerdos estables que pudieran implementar los imperativos de los Acuerdos de la Uribe y allanar el camino para propuestas más amplias sobre la relación futura de ambos actores o la posibilidad de pensar en un final real de la guerra y las guerrillas (véase Soto Herrera, 2011).

Este clima de incertidumbre e incumplimientos de lo acordado erosionó la capacidad de los actores de transcender unos acuerdos parciales y altamente limitados en su implementación real (Villarraga Sarmiento, 2016c; 2016d). Por su parte, el M19 estaba cada vez más perseguido desde la Toma del Palacio de Justicia. Esta experiencia supuso un golpe traumático para dicha organización guerrillera (véase Arrendodo Espinosa, 2016; Villarreal & Barco, 2006), llevando a respuestas duras del gobierno que tuvieron como consecuencia un doble debilitamiento: militar y moral.

Mientras que los movimientos pacifistas más organizados estaban por llegar, en la segunda mitad de los años 80 se estaban gestando muchos de los fundamentos de un movimiento por la paz que alcanzaría a penetrar fuertemente en la sociedad colombiana (AZ, 2022). Tales fundamentos, en parte, vinieron alentados por un creciente rechazo a cualquier tipo de violencia por parte de la opinión pública, el rechazo de los secuestros y las matanzas a inocentes (OL, 2022; CM, 2022). Había un creciente rechazo al ataque armado a personas que defendían sus posiciones desde la legalidad, desde las instituciones y desde una labor cívica o profesional (SH, 2022).

Las imágenes televisadas como las de la Toma del Palacio de Justicia, la multitud de secuestros y las tácticas terroristas sembraron una semilla de rechazo entre las personas que creían en los derechos humanos (TG, 2022). Por tanto, la opinión pública empezó a distanciarse de los posibles romanticismos que había cultivado durante los primeros años de las acciones del M19 y, progresivamente, fue expandiéndose la idea entre los propios cuadros de la organización, que el M19 ya no contaba con suficiente apoyo popular para continuar en la lucha armada (SH, 2022) y que había llegado el momento de buscar alternativas negociadas (SH, 2022).

Así lo percibieron líderes de la organización, especialmente Carlos Pizarro, que cambió su postura guerrillera y propuso una negociación de una paz integral con el gobierno para la dejación de armas permanente y la búsqueda de una transformación del M19 en un partido que participaría en elecciones democráticas (SH, 2022; OL, 2022), a pesar de las fuertes presiones de las FARC para que no se decantara por una dejación de armas, incluida una llamada extensa de los líderes de las FARC a Carlos Pizarro en la que le tildaron repetidamente de traidor de la causa (EP, 2022).

Por su parte, el EPL también entró en una fase de duros golpes a su organización y se contagió de manera importante del movimiento social por la paz, que jugaría un rol importantísimo, penetrando profundamente en los cuadros del EPL y en sus debates ideológicos; estos debates se esparcieron también al M19 y las FARC y, de manera más incipiente, al ELN (véase Villarraga Sarmiento, 2016e; 2009).

El cambio de década, de los 80 a los 90, fue, por tanto, un momento de muchísima reflexión interna en los grupos y entre los lideres guerrilleros, tratando de entender la nueva agenda que debería adoptarse tras años de lucha armada que no había conseguido sus objetivos sociales (TG, 2022), mientras el mundo había seguido avanzando en direcciones nuevas, incluida la creciente predisposición de los gobiernos colombianos de pensar la paz negociada como alternativa a una victoria militar total. Dicha posibilidad de una victoria militar decisiva parecía difícil, o más bien, imposible de alcanzar (TG, 2022).

A nivel internacional, también hubo grandes cambios que llevaron a un profundo ejercicio de replanteamiento de las bases ideológicas de las organizaciones guerrilleras (Priestland, 2010). Con las reformas impulsadas en la Unión Soviética y el eventual colapso de su sistema político (Marples, 2016; Strayer, 2016), se llegó no sólo a un deterioro de los nexos internacional comunistas, sino que, también, se perdió una fuente de referencia histórica y se tuvo que repensar el imaginario construido a partir del marxismo, el leninismo o estalinismo que estaba presente en el ideario de las diferentes organizaciones guerrilleras (Beverley, 2011).

Mientras que la relación entre los grupos guerrilleros colombianos y la Unión Soviética había sido ambigua, sobre todo por las consideraciones de no alineamiento y antiimperialismo que defendía muchos ideólogos de estas guerrillas, sí que hubo una sensación generalizada de cambio de época que reforzó la idea ya presente de que se deberían buscar soluciones a la colombiana, de carácter propio, en un mundo en el que el comunismo internacional estaba en declive (Regalado, 2012).

De algún modo, en el discurso ideológico, las promesas de victoria se volvieron más parciales (véase Olave, 2020), girando hacia la paz y las reformas o, por el contrario, hacia discursos de resistencia –pero en cualquier caso el comunismo ya no parecía tener la misma iniciativa moral. En este clima, el M19 fue la primera de las dos organizaciones que buscó un acuerdo de paz integral con el gobierno Barco. Aceptó la dejación de armas mediante el Decreto 314, el establecimiento del Plan de Desmovilización y el Consejo Nacional de normalización y entró a negociar un pacto integral con el gobierno en 1990 (Gobierno & M19, 1990).

El primer punto del acuerdo de 1990 fue que "se fortalezca la legitimidad institucional", proponiendo varias vías aceptables para ello (Gobierno & M19, 1990, p. 3). Se prefería una reforma constitucional a través de procesos ordinarios en el Congreso, pero también se veía viable un proceso Constituyente que elaborara una nueva Constitución para el país (Gobierno & M19, 1990; TG, 2022). Es importante recordar que el M19 había surgido como guerrilla contraria al fraude electoral, por lo que la reforma democrática se convirtió en su principal bandera junto con las reformas sociales (Alonso, 2021).

El acuerdo de 1990 también estipuló reformas electorales y judiciales, los mecanismos de reincorporación de excombatientes a la vía civil y la labor de órganos como la Circunscripción Especial de Paz, el Fondo Nacional para la Paz, una Comisión de Seguimiento, así como un "nivel apropiado de seguridad y protección a los principales dirigentes del M-19" a través de un Plan de Seguridad (Gobierno & M19, 1990, p. 5).

Por su parte, el EPL adoptó como su demanda y bandera principal la celebración de una Asamblea Nacional Constituyente que elaborara un texto constitucional completamente nuevo que terminara con la Constitución de 1886 (AZ, 2022). Tras los acuerdos de paz del M19, el EPL también mostró una disposición seria de aprobar un acuerdo de paz integral.

Finalmente, por un fallo judicial, se abrió una ventana de oportunidad al sentenciarse que el proceso de reforma emprendido no podría resolverse a través de los procesos de reformas constitucionales vigentes, por lo que el M19 también se decantó por un proceso constituyente que rompiera con el orden constitucional vigente, facilitando una postura común del M19 y del EPL, así como una variedad de otros grupos guerrilleros que entraron a negociar y firmar la paz. Entre estos grupos adicionales, se encontraron el PRT, el MAQL y la CRS (véase arriba).

Adicionalmente, ya durante los gobiernos de Gaviria (1990 a 1994) y Samper (1994 a 1998), se avanzó en la integración al orden constitucional a través de las firmas de paz con otros grupos conectados a las guerrillas como lo fueron las diferentes milicias urbanas de las principales ciudades del país.

3. La guerra sucia y el gobierno Gaviria (1990-1994), los acuerdos parciales con el ELN (1994-1998) durante el gobierno Samper y los acuerdos del Caguán con las FARC (1998-2002) durante el gobierno Pastrana

Paradójicamente, la paz exitosa con los grupos guerrilleros del M19 y el EPL coincidió con el inicio del periodo más violento y convulso de la historia del conflicto interno colombiano: las propuestas de una paz integral se hicieron inviables con la ruptura de las FARC del proceso constituyente como consecuencia de las matanzas a líderes de la UP (Gómez-Suárez, 2013; Cepeda, 2006); el ELN también se abrió a soluciones negociadas pero finalmente no fue partícipe del proceso constituyente (Zuluaga Nieto, 2015), al estar en desacuerdo de enfocarlo como un proceso de negociación puramente político y un número limitado de representantes por cada organización que llegarían a pactos cerrados al público general.

Por otra parte, tanto el paramilitarismo como el narcotráfico estaban en pleno auge, provocando una escalada del conflicto con las guerrillas que seguían operando (Rivera, 2207; Ramírez, 2007; Centro Nacional de Memoria Histórica, 2018). Durante la década de los 90, las FARC lograron una reorganización de sus estructuras, profesionalizando a sus ejércitos y llegando a su máxima expansión territorial (Aguilera Peña, 2013; Villarraga, 2016d).

El caos que vivió Colombia en los 90 con la fuerte crecida del narcotráfico facilitó una escalada del conflicto y, a su vez, la escalada del conflicto era aprovechada por el narcotráfico en una estrategia de dividir y gobernar (JQ, 2022; véase Salazar Borda, 2005), en la que bebían directamente de las disputas entre gobierno, guerrillas y paramilitares para afianzar sus negocios ilícitos. En este contexto, el Estado se vio debilitado, llegando a una situación de "colapso parcial" en determinadas geografías e incluso la presencia de "protoestados" controlados por el grupo armado dominante del territorio en cuestión (Bejarano & Pizarro, 2010). El narcotráfico penetró en casi todas las organizaciones del conflicto armado (Salazar Borda, 2005; EV, 2022; JQ, 2022; YB, 2022) y creó una fuerte dependencia de los actores a los fuertes ingresos financieros de la industria de los estupefacientes (EV, 2022).

En una estrategia de guerra sucia para debilitar a las FARC, durante el gobierno Gaviria, incluso se sentaron bases legislativas para incentivar la creación de grupos paramilitares bajo la bandera de la autodefensa legítima (Poder Ejecutivo, 1994), favoreciendo la creación de las Convivir, unas estructuras paramilitares que, progresivamente, crecerían en su capacidad organizativa-operativa y serían uno de los antecedentes para la creación de la Autodefensas Unidas de Colombia (AUC) en 1997, la organización paramilitar más potente que ha visto Colombia y que se organizaba como confederación en todo el territorio nacional (Rivera, 2207; Ramírez, 2007; Centro Nacional de Memoria Histórica, 2018; EV, 2022). Este doble movimiento de crecimiento abrupto de las FARC y los grupos paramilitares llevó a una situación de recrudecimiento extremo de la guerra (Rettberg Beil, 2006).

Durante el gobierno Samper, que fue fuertemente sacudido por el Caso 6.000, los avances de entendimientos con las FARC fueron infructuosos (Villarraga Sarmiento, 2016d). Sin embargo, se logró una serie de acuerdos parciales con el ELN, especialmente bajo el mandato del Alto Comisionado de Paz Daniel García Peña (Medina Gallego; 2010).

Negociando en diferentes países, especialmente en ciudades europeas, el gobierno pudo reunirse en numerosas ocasiones con representantes del ELN y de firmaron una serie de acuerdos parciales que apoyaron el respeto a unos protocolos en defensa de los derechos humanos (Comité Nacional de Paz & ELN, 1998).

En estos acuerdos, se buscaba, en situaciones de continuidad de la guerra entre el gobierno y las guerrillas, proteger a la población civil (Comité Nacional de Paz & ELN, 1998). Destacaron las declaraciones del ELN realizadas en Madrid (España) y Mainz (Alemania), así como el llamado Acuerdo de la Puerta del Cielo, firmado en la ciudad alemana de Würzburg el 15 de julio de 1998 por el ELN y el Comité Nacional de Paz, bajo mediación de las conferencias episcopales de Alemania y Colombia (Comité Nacional de Paz & ELN, 1998).

En dicho acuerdo, se acordó el comienzo de un proceso de paz, así como una serie de medidas para la "humanización de la guerra" tales como la condena de "acciones hostiles y masacres de civiles desde distintos sectores y que se acrecientan por omisión de algunos agentes del Estado." Además, se aprobó el compromiso, por parte del ELN, de "suspender la retención o privación de la libertad de personas con propósitos financieros... la retención de menores de edad y de mayores de 65 años y en ningún caso se privará de la libertad a mujeres embarazadas" (Comité Nacional de Paz & ELN, 1998, p. 2-6). Sin embargo, las luchas sobre el terreno, la guerra sucia y la extorsión siguieron en los años posteriores al acuerdo y no hubo intentos serios de un proceso de paz más amplio (RI, 2022).

Por otro lado, con las FARC, sólo se llegó a acuerdos más tangibles en los últimos meses del Gobierno Samper, ya en la transición hacia el Gobierno Pastrana (RI, 2022). De hecho, nada más llegar al poder el presidente Andrés Pastrana, se iniciaron una serie de consultas con las FARC que desembocaron en los diálogos de paz del Caguán (DG, 2022), bajo la influencia importantísima de las presiones sociales que se estaban canalizando a los círculos políticos nacionales a través de organizaciones como el Mandato Ciudadano por la Paz[2].

Sin embargo, desde el comienzo, la direccionalidad de los diálogos mostraba una falta de rotundidad en la voluntad a favor de una paz integral por los diferentes actores. Tras las experiencias de la Uribe, la matanza de líderes de la UP y la posterior década de retorno de la guerra sorda había una desconfianza muy arraigada entre las partes.

Los actores se centraron en la creación de espacios de distensión, treguas y ceses al fuego, los intercambios de prisioneros (Ariza Arias, 2014) y, en definitiva, las causas profundas de la guerra y cuestiones esenciales como las reformas sociales no llegaron a plantearse de manera que pudiera servir para acuerdos más ambiciosos y concluyentes. En un momento de máxima capacidad bélica sobre el terreno, las FARC parecían poco predispuestas a hablar de dejación de armas definitiva sin la presencia de concesiones esenciales.

El ciclo en el que se encontraban los actores, más bien, resultó ser otro: el de una pausa técnica ante el caos bélico que estaba sufriendo Colombia (RI, 2022). Son símbolo de la falta de voluntad real episodios como la "silla vacía",

---

2. El desborde de la violencia en los años 90 en Colombia tuvo como reacción la movilización de la sociedad civil colombiana para pedir un cese definitivo de toda violencia armada. En este sentido, la creación del Mandato Ciudadano por la Paz, la Vida y la Libertad jugó un papel fundamental, reuniendo y coordinando la acción de cientos de organismos de la sociedad civil y de organizaciones de defensa de los derechos humanos. En el voto que constituyó formalmente el movimiento el 26 de octubre de 1997, los representantes de las organizaciones firmaron la siguiente declaración de intenciones: "Me comprometo a ser constructor de Paz y Justicia Social, a proteger la vida y a rechazar toda acción violenta" (Villarraga Sarmiento, 2013d).

acontecimiento en el cual el máximo comandante de las FARC, Manuel Marulanda, no asistió a los primeros actos de acercamiento entre el gobierno y las FARC (Villamarín Pulido, 2015). También fueron signo de la debilidad de las negociaciones las continuas vulneraciones a los pactos alcanzados, tales como la continuación de ataques bélicos tanto como los secuestros y la extorsión (Villamarín Pulido, 2015).

Al romperse las negociaciones al final del gobierno Pastrana, se dio por perdida la vía negociada y se sentaron las bases para una ofensiva militar sin precedentes por parte de las Fuerzas Armadas, incluida su reorganización y modernización profunda a partir del Plan Colombia (Veillette, 2005; Castro-Gómez, 2001). Además, en 2001, cambió algo profundo en el tablero político internacional con los atentados a las Torres Gemelas del 11 de septiembre de 2001 (véase Jervis, 2013; Regilme, 2018).

Estados Unidos y varios de sus aliados empezaron una guerra internacional contra el terrorismo que también significó un apoyo directo, material y financiero a las Fuerzas Armadas de Colombia en su lucha contra las guerrillas (Regilme, 2018; Tokatlian, 2001). En cuestión de poco tiempo, ya bajo el mandato del gobierno Álvaro Uribe, la tecnología de la guerra a disposición del ejército se modernizó de manera vertiginosa, renovando la flota militar aérea, desplegando tecnologías de vigilancia masiva y reentrenando al ejército en su capacidad de llevar a cabo ataques de alta precisión (JQ, 2022; BS, 2022).

En toda esta etapa de la década de los años 90, uno de los cambios más profundos que provocó la disolución del bloque comunista –y quizás el menos analizado hasta el momento– fueron los cambios en la autoridad moral que estos cambios globales provocaron. A partir del nuevo milenio, se dio una creciente importancia de los mecanismos de justicia transicional como expresión de una hegemonía moral de Occidente en la que las acciones occidentales contarían con autoridad moral (jus ad belum) a la hora de cometer actos bélicos; mientras que usos bélicos fuera de este sistema global caían automáticamente en la categoría de antisistema.

Es decir, mientras que, durante la Guerra Fría, la autoridad moral estaba disputada por dos grandes visiones conceptuales, los cambios de poder militares y políticos significaron, a su vez, que la autoridad moral del uso de la fuerza se concentrara en los actores occidentales. Por tanto, los cambios de poder implicaron virajes profundos en cuanto a la percepción de autoridad moral y la capacidad de crear sistemas conceptuales que justificaran una continuidad de la guerra revolucionaria. Sin embargo, la justicia transicional no fue sólo parte de la hegemonía moral de Occidente sino parte de un proceso de lucha internacional por los derechos humanos.

4. La guerra sucia del gobierno Uribe (2002-2010) y las negocia-ciones paralelas del gobierno Santos (2010-2018) con las FARC y el ELN en Cuba

Durante los ocho años del Gobierno Uribe, se cambió radicalmente de estrategia a la hora de definir la cuestión de cómo afrontar a los diferentes actores del conflicto interno de Colombia (Vázquez Puente, 2014). La posi-ción básica del Gobierno Uribe fue la de adoptar una postura de mano dura, basándose en su Política de Defensa y Seguridad Democrática (PDSD), que trató como actores terroristas a los grupos guerrilleros, así como al paramili-tarismo (Villarraga Sarmiento, 2013a; 2013b; 2013c). Se argumentó que no se debía negociar bajo la presión de los fusiles y se adoptó una política de so-metimiento; al contrario de los intentos anteriores de negociaciones políticas que se habían dado desde el gobierno Betancur.

A través de ocho años de ataques duros, el gobierno consiguió retomar la iniciativa en el control de territorios que habían sido controlados tradicional-mente por otros actores, sometiendo a las guerrillas a una persecución conti-nua y despiadada (Vásquez, 2010). Fue la etapa en la que se dio el escándalo de los falsos positivos, por los cuales las presiones extremas de obtener resul-tados militares contra las guerrillas llevaron a la matanza de civiles que fueron falsamente registrados como combatientes de las guerrillas (Palencia, 2011).

También se le dio fuertes golpes al paramilitarismo, cuyos líderes, en gran parte, accedieron finalmente a negociar su dejación de armas como fue el caso de las AUC (Vásquez, 2010). Los primeros pasos en el proceso de negociación se dieron a través de una Comisión Exploratoria de Paz que debatió las condiciones para el cese total de las hostilidades, las posibles al-ternativas jurídicas para los excombatientes y las garantías del programa de reincorporación. Entre 2003 y 2006, la mayoría de las estructuras de las AUC entraron en las negociaciones y llevaron a la dejación de armas.

Sin embargo, esta dejación de armas se organizó frecuentemente de manera rápida, con poca información para las bases del paramilitarismo y confiando falsamente en la verticalidad de los grupos, que no era tal y, por tanto, carecían de la suficiente autoridad para que el proceso de reintegra-ción fuera exitoso (EV, 2022). Como pronto se evidenció, muchos medios mandos y combatientes de las bases acabarían fundando nuevos grupos, integrándose en redes criminales del narcotráfico o buscando cercanía a otras estructuras paramilitares que no habían entrado en el proceso dejación de armas (EV, 2022).

De este modo, el problema del paramilitarismo y los mercenarios persistió o hubo transiciones hacia otros grupos paramilitares o bandas criminales, en ocasiones facilitando la creación de nuevos actores del conflicto que conseguirían, a lo largo de los años, una fuerte implantación territorial tal como fue el caso del 'Clan del Golfo' (EV, 2022). Es importante mencionar que en las negociaciones con las AUC se plantearon, por primera vez de manera seria, unos marcos básicos de justicia transicional, en vez de amnistías amplias como había sido tradición en procesos anteriores. Se proponían, por ejemplo, instrumentos penales para crímenes cometidos que se caracterizaran por una atrocidad tan alta que pudiera hablarse de crímenes de guerra, torturas y crímenes contra la humanidad.

Durante los gobiernos de Uribe, también hubo diálogos exploratorios muy limitados con el ELN y una propuesta de diálogo humanitario con las FARC, pero, en definitiva, el gobierno Uribe apostó por la vía militar y por conseguir victorias bélicas aplastantes, cercando el círculo de las insurgencias, persiguiendo cualquier tipo de colaboración directa o indirecta con las guerrillas y realizando operaciones que tocaron fuertemente a las guerrillas y, en especial, a la capacidad de organización de las FARC (FU, 2022). Éstas quedaron desplazadas, cada vez más, a zonas montañosas y selváticas (DY, 2022; BS, 2022).

La estructura de las FARC y sus canales de mando y de comunicación interna quedaron fuertemente dañadas (BS, 2022). Sin embargo, no estaba una derrota de las FARC a la vista, que mantenía su capacidad de operar clandestinamente y de resistir en terrenos inhóspitos (BS, 2022). De este modo, las FARC volvieron a modos de guerras irregulares, tales como habían practicado antes de haberse convertido en un ejército potente en los 90 (BS, 2022).

Tras los dos mandatos de Uribe, las FARC perdieron, en gran parte, su capacidad de realizar una guerra de movimientos y dejaron de ser la fuerza hegemónica en muchas zonas del país, pero sin ser nunca derrotadas de manera definitiva (AQ, 2022). En este periodo, las FARC también perdieron a varios de sus líderes históricos en combate y el máximo representante, Manuel Marulanda, falleció en 2008 por muerte natural (AQ, 2022), propiciando un cambio generacional en el liderazgo de la organización guerrillera.

Con la entrada del gobierno Santos, las posturas del gobierno, de nuevo, cambiaron radicalmente: se comenzaron procesos de paz paralelos con las

FARC y con el ELN en La Habana (Presidencia de la República, 2018). Desde el principio, el enfoque principal estuvo centrado en el proceso de las FARC (Presidencia de la República, 2018). La Oficina del Alto Comisionado para la Paz, Sergio Jaramillo y su equipo, querían evitar que el ELN, siendo "el vagón más lento" (AQ, 2022), pudiera obstaculizar el otro proceso y por ello sería de interés comenzar por las FARC que se veían más dispuestos a culminar la paz de manera amplia y rápida, mientras que su firma de la paz llevaría a mayores presiones sobre el ELN para que también accedieran a un acuerdo (AQ, 2022). Tras unos primeros meses de diálogos exploratorios con las FARC, se acordó una agenda concreta que marcó el rumbo de la totalidad del acuerdo (Presidencia de la República, 2018).

Finalmente, tras casi cuatro años de discusiones y preparación del texto del acuerdo en varias subcomisiones negociadoras, se aprobó un texto amplio que preveía una "reforma agraria integral" como primer punto, tocando así el elemento central de la organización y la bandera por la que habían luchado las FARC desde su constitución como guerrilla en los años 60 e, incluso, antes, desde las autodefensas agrarias que las precedieron (Poder Legislativo, 2016).

Los demás puntos del acuerdo regularon la modalidad de transición hacia la política de las FARC; los procesos concretos de dejación de armas definitiva y completa; las diferentes garantías de seguridad para excombatientes; mecanismo para el combate contra las drogas ilícitas; el apoyo a las víctimas del conflicto con iniciativas como la creación de una Comisión de la Verdad para esclarecer los crímenes cometidos por las diferentes partes del conflicto armado de Colombia; mecanismos judiciales a través de la Jurisdicción Especial para la Paz (JEP); así como los mecanismos para la verificación del cumplimiento del acuerdo de paz, que pasarían a ser apoyados por la presencia de una misión de verificación de las Naciones Unidas.

Es importante resaltar que, en estos años de negociación, ya estaba fuertemente arraigada la visión, especialmente desde los actores de la comunidad internacional, de que el proceso de paz no podía resolverse con amnistías generales, si no que debía tratarse desde una postura de justicia transicional y que incluyera elementos punitivos para aquellas personas que hubieran realizados actos contrarios al derecho internacional, especialmente en los casos de crímenes contra la humanidad, crímenes de guerra o torturas. Esto supuso un importante punto de tensión entre la guerrilla y la comunidad internacional (NM, 2022).

El acuerdo de paz se topó con una serie de obstáculos adicionales. En primer lugar, se encontraba el expresidente Uribe que hizo una campaña muy fuerte en contra del acuerdo (Lafuente, 2016). En el referéndum por el cual Santos quiso construir una fuerte legitimidad popular al acuerdo de paz, ganó la postura del "no" al acuerdo de paz, lo que generó muchas dudas e incertidumbre sobre la implementación del acuerdo, incluido entre las filas de varios de los firmantes de paz de las FARC (NM, 2022).

De hecho, varios líderes como Iván Márquez o Jesús Santrich, fueron distanciándose del acuerdo, especialmente con la entrada del nuevo gobierno Duque, que rechazaba imperativos básicos del acuerdo y se encontraba en la bandada de los uribistas que hacían fuerte oposición a la paz con las FARC y, por el contrario, seguían inmersos en una postura de sometimiento de las guerrillas. Finalmente, estos eventos y el nuevo cambio de gobierno con la llegada del mandatario Iván Duque llevaron al debilitamiento parcial del acuerdo y la continuidad de la lucha por parte de un grupo de disidencias que constituía en torno al 5 por cien de las FARC. Sin embargo, A pesar de los obstáculos mencionados, la inmensa mayoría de las FARC siguieron en la línea del acuerdo.

Por su parte, se avanzó en las negociaciones con el ELN, pero los avances fueron mucho más longevos y los recursos, por parte del gobierno, estaban centrados en el proceso con las FARC (AQ, 2022; CM, 2022). Aunque se habían alcanzado acuerdos mínimos sobre los puntos a tratar en una agenda de paz que llevara a un acuerdo entre las partes, hacia el final del gobierno Santos, no se había avanzado lo suficiente para hablar de un acuerdo integral (CM, 2022). Si bien, se llegaron a firmar varios protocolos y había una disposición amplia de discutir "los problemas estructurales que dieron origen al conflicto" (Medina Gallego, 2020, p. 543).

El ELN, por su parte, siguió pidiendo la celebración de una Convención Nacional o una Asamblea Nacional Popular, que produjera una participación de los diferentes sectores y regiones de Colombia en la formulación de reformas profundas que acompañarían el eventual acuerdo de paz (AQ, 2022). Sin embargo, con la entrada del gobierno Duque, el ELN decidió volver a la ofensiva y se dieron eventos traumáticos como el atentado del ELN a la Escuela de Cadetes de Policía General Santander, que dejó más de 20 muertos el 17 de enero de 2019 (BBC, 2019). A partir de eso momento, la paz con el ELN se dio por fracasada y se llegó a una nueva intensificación de las acciones bélicas entre las Fuerzas Armadas y el ELN (Palomino, 2022).

5. La obstrucción de los acuerdos de paz durante el gobierno Duque (2018-2022) y la nueva agenda de "Paz Total" del gobierno Petro (2022-actualidad)

El gobierno Duque, desde sus comienzos, realizó un fuerte viraje en contra de la agenda de paz que había promovido el gobierno Santos (Palomino, 2022). En los cuatro años de gobierno del presidente Iván Duque, la paz con las FARC no avanzó y, de hecho, numerosos analistas y académicos coincidieron en que se vivió una legislatura de inacción política y de un claro intento de obstaculizar los acuerdos que se habían conseguido durante el mandato anterior (Bonilla Avalos, 2022; Correa, 2019; González Posso, 2020; Cruz Mazzetti, 2021). Sirva de ejemplo que el punto 1 del acuerdo de paz, el de una reforma agraria integral, no solo vio una falta de continuidad en su implementación, sino que hubo signos de retrocesos (Rodríguez Contreras et al., 2022).

Es más, durante el gobierno Duque, se falló en la promesa de proteger a los firmantes de paz y líderes sociales asociados con la antiguas FARC, de modo que se ha vivió una situación de asesinatos frecuentes a antiguos miembros de dicha organización (Valencia Agudelo, 2021). Esta situación aumentó notablemente la desconfianza de las antiguas FARC (NM, 2022), ahora organizadas en el partido Comunes, llevando a una situación muy tensa entre dicho partido y el gobierno Duque.

A modo anecdótico, es llamativo que Iván Duque, durante los últimos días de su mandato, incluso se ausentó de la entrega del informe final de la Comisión de la Verdad (El Tiempo, 2022a), que había llevado a cabo una labor multianual de miles de entrevistas con víctimas del conflicto para intentar esclarecer los crímenes cometidos y las respectivas responsabilidades durante el conflicto armado de Colombia (Santaeulalia & Torrado, 2022).

Con la llegada de Gustavo Petro como presidente de Colombia, liderando el primer gobierno de izquierdas en la historia reciente del país (Zermero Jimenez, 2022), se formuló otro cambio de ciento ochenta grados, esta vez a favor de una agenda política que promueva la paz con el ELN, así como las disidencias de antiguas guerrillas que siguen operando en el terreno nacional (Vieira, 2022). Tanto el nuevo gobierno como el Comando Central del ELN han señalado claramente su predisposición de llegar a un acuerdo de paz amplio que finalice el conflicto (El Tiempo, 2022b).

Se iniciaron conversaciones y consultas exploratorias, especialmente en Cuba (Europa Press, 2022) bajo expectativas altas dentro del país e internacionalmente (véase UN News, 2022; Guerrera & Hege, 2022). En la actualidad, las conversaciones han sido desplazadas a México y se han logrado acuerdos iniciales que incluyen altos al fuego. Sin embargo, la situación sigue siendo incierta y se han reportado numerosas violaciones de los ceses al fuego acordados.

Mientras tanto, bajo la habitual desconfianza entre actores gubernamentales y guerrilleros que han estado décadas en guerra, los esfuerzos para alcanzar acuerdos más amplios, integrales y duraderos continúan y el gobierno colombiano ha llevado a cabo una serie de "diálogos vinculantes" territoriales para acercar posturas con la idea de la participación directa de las clases populares en las negociaciones de paz. La desconfianza y la incertidumbre ha permanecido alta incluso bajo la mediación de antiguos guerrilleros del M19 y el EPL que participan en las mesas de diálogo en cargos de responsabilidad máxima como representantes del nuevo gobierno colombiano.

Capítulo 5
Las huellas del pasado: El final y la continuidad de la guerra fría en Colombia

En Colombia, hay dos momentos claves que permiten una comparación directa de los diferentes grupos guerrilleros principales en términos de éxito y fracaso de la paz. El primero, se dio justamente con el final de la Guerra Fría internacional, al consolidarse un proceso constituyente en Colombia que trataba de trascender las divisiones entre las fuerzas capitalistas y las guerrillas comunistas o socialistas para encontrar acuerdos para una estabilidad duradera y pacífica que dejara atrás el conflicto armado.

El segundo gran momento de posibles comparaciones se dio más tarde durante los procesos de La Habana que culminaron en 2016 para las FARC, pero no alcanzaron un acuerdo de paz con el ELN. Es decir, la cuestión de por qué, en 2024, sigue habiendo una disputa entre fuerzas capitalistas y comunistas heredada de la guerra fría en Colombia, debe tratar de responderse teniendo en cuenta estos dos momentos clave para la paz, puesto que el análisis de la trayectoria diferente de cada grupo (M19, EPL, FARC y ELN) permite destilar una serie de factores clave del éxito o fracaso de la negociación de paz con cada uno de los grupos.

A finales de los años 80 y comienzos de los años 90, en un momento de reformismo del comunismo internacional, de manera abrupta, se dio la caída del muro de Berlín y el colapso del bloque soviético; así como la desintegración de la Unión Soviética. Con este hecho histórico pareció confirmarse a escala internacional que el camino hacia una transformación de las fuerzas comunistas globales estaba sellado y era inevitable que terminara el periodo histórico de la guerra fría.

Se expandió una narrativa triunfalista liderada por Estados Unidos y Occidente que caló de manera importante en el ideario político y conceptual de la época: el capitalismo había logrado contener los avances comunistas, por lo que decrecía la legitimidad de seguir llevando a cabo guerras revolucionarias en todo el planeta. En este contexto, como ha sido descrito anteriormente, se lograron acuerdos permanentes de paz con el M19 y el EPL; pero se fracasó en intentos parecidos con las FARC y el ELN. La primera parte de este capítulo, por tanto, se centrará en generar una síntesis sobre los factores clave que explican por qué para unos grupos su guerra con el estado se veía como terminada, mientras que otros volvieron a una guerra abierta con el estado; provocando una continuidad de un conflicto propio de la Guerra Fría.

La segunda parte de este capítulo tratará de responder la misma cuestión, pero más de dos décadas más tarde, al darse, de nuevo, resultados completamente distintos en las negociaciones con las FARC y las negociaciones con el ELN en los procesos de paz de Cuba entre 2010 y 2016. En cualquier caso, la pregunta central sigue siendo la misma: por qué, a nivel de país, no se ha conseguido zanjar un conflicto interno, cuya naturaleza corresponde a los tiempos de la guerra fría. Se tratará de responder a dichas cuestiones haciendo referencia a tres niveles de análisis: el nivel macro (factores globales), el nivel meso (factores nacionales) y el nivel micro (factores específicos a cada grupo). Estos tres niveles serán utilizados para estructurar el análisis de los dos periodos principales de intentos de paz integral en Colombia mencionados arriba:

a) Los intentos de paz con el M19, EPL, FARC y ELN (1984-1991)

b) Los intentos de paz con las FARC y el ELN (2010-2016)

Los intentos de paz del Caguán con las FARC y los acuerdos parciales con el ELN en la década de los 90, sólo serán analizados de manera tangencial. Puesto que se dieron de manera aislada, no permiten una comparación directa entre grupos y, además, como ha sido descrito en el capítulo anterior, existen evidencias claras de que no se trató de procesos de paz con una clara intencionalidad de llevar a una paz completa y duradera en el tiempo y podría hablarse más bien de acuerdos parciales que, en gran medida, fueron instrumentalizados como recursos estratégicos por parte de los grupos (véase arriba).

1. HACIA UNA NUEVA CONSTITUCIÓN EN 1991: FACTORES DEL ÉXITO DE LA PAZ CON EL M19 Y EL EPL

En el nivel macro, debe destacarse el tremendo impacto que tuvieron los reformismos del comunismo en el mundo. Las guerrillas en Colombia bebían directamente, sobre todo en cuanto a inspiración ideológica y narrativa, de los avances comunistas en el mundo. Como ha sido discutido, la variedad de guerrillas revolucionarias que surgieron en toda Latinoamérica se debió en gran parte a la presencia de referentes internacionales como la Unión Soviética, China y Cuba que marcaban una hoja de ruta y posibles modelos a seguir. En Colombia, el surgimiento de las guerrillas comunistas como escisiones de las guerrillas liberales hubiera sido impensable sin un marco teórico marxista-leninista o, en su caso, castrista o maoísta.

Es decir, la ontología guerrillera latinoamericana y colombiana se encontraba en una profunda interconexión conceptual con las fuerzas globales del comunismo y potencias claves que habían logrado una derrota de antiguas dinastías, así como una derrota del ascenso de la burguesía como clase social imperante a través de la instauración de un régimen comunista. Por tanto, especialmente los cuadros políticos de las guerrillas colombianas estaban fuertemente expuestos a una mirada internacional y una revisión constante de qué estaba pasando en el mundo y qué implicaciones tenía cada evento para la propia lucha. La reflexión se daba a diario y los debates más amplios llegaban, con menos frecuencia, en forma de congresos guerrilleros, donde, cada cierto tiempo, se revisaban los fundamentos conceptuales de cada grupo de manera oficial.

No es de extrañar, por tanto, que las experiencias del reformismo del comunismo chino en los años 70, el reformismo soviético a partir de los 80 y el colapso final de la Unión Soviética actuaran en forma de shocks externos que generaban profundos replanteamientos de las bases conceptuales, puesto que la propia narrativa debía ser coherente con sus tiempos para no acabar siendo un grupo aislado ideológicamente que fuera incapaz de ver su lucha en una razón de ser más amplia y transnacional. Si el capitalismo y sus consecuencias eran transnacionales, poco sentido tenía llevar a cabo luchas completamente separadas de los avances globales.

Es decir, todos los grupos racionalizaban su lucha como parte de un marco global de lucha. Incluso sabiendo que cada país y grupo tenía sus particularidades, la cuestión holística de cuál era el sentido de toda la lucha, estaba presente de manera constante entre los ideólogos de cada organización guerrillera, aunque sus conclusiones fueran diferentes y, en ocasiones, incompatibles. Por tanto, aunque los objetivos concretos finalmente fueran locales, siempre se conectaba con un sentido más amplio de lucha internacional contra un sistema global capitalista que definían como la causa final de sus motivaciones de lucha.

Por tanto, si vemos casos como el EPL, que, con el reformismo chino, había transitado hacia influencias conceptuales más soviéticas, el reformismo soviético marcó una sensación de que se estaban agotando los tiempos de la lucha armada como mejor mecanismo para conseguir objetivos que, en definitiva, siempre habían sido políticos. Por tanto, el colapso de la Unión Soviética fue, para el EPL la prueba de que estaba haciendo lo correcto al avanzar en las negociaciones constitucionales con el Estado. Al haber perdido su influencia maoísta inicial y, luego, haber perdido a su nuevo referente soviético, la paz llegó de manera natural.

En este contexto de reformas y de colapsos comunistas a nivel internacional, la paz se presentaba como una alternativa viable que podía garantizar la supervivencia de los ideales políticos comunistas en una situación en la que la vía militar no había dado sus frutos:

> Entonces los que más tenían sensibilidad política, no se aguantaron. Digamos, hay que dar el paso a lo político. Se cayó el Muro de Berlín, en todo el mundo empezaron a cambiar cosas… esto ya está, esto ya no aguanta. (IR, 2022)

También es importante destacar que, a partir del colapso de la Unión Soviética, la ONU mantuvo una mayor influencia a escala global debido a la mayor unidad que surge en el Consejo de Seguridad de Naciones Unidas que también se vio reflejado en la ganancia del peso del mandato de la ONU en Colombia a través de agencias como el Programa de las Naciones Unidas para el Desarrollo (PNUD) que operaba en Colombia desde 1974 y tuvo un rol asesor directo durante el proceso constituyente que culminó en 1991, sobre todo a nivel de asesoramiento técnico y consultivo.

Esta presencia internacional ayudó a suavizar las posturas entre las partes y reforzar una mirada internacional que adecuara los cambios globales que se estaban dando en el espíritu del acuerdo. El PNUD tuvo un rol relevante en los rápidos avances que se dieron por parte de las tres presidencias de la Asamblea Constituyente y las 5 presidencias de las comisiones permanentes. EL PNUD también pudo apoyar una variedad de comisiones técnicas y el apoyo conceptual y financiero a los procesos constituyentes que se estaba dando ciertamente contribuyó a que el tiempo que se tardó en la redacción de la Constitución de 1991 fuera tan solo de 150 días.

A nivel regional y nacional, por otra parte, caben destacarse una serie de factores clave que cambiaron las dinámicas políticas del país y, en definitiva, abrieron un espacio nuevo para la reformulación de las agendas guerrilleras. Este cambio se refiere principalmente a que, desde las primeras guerrillas comunistas en los años 60, la realidad del país en Colombia había sido alterada profundamente por los procesos de urbanización.

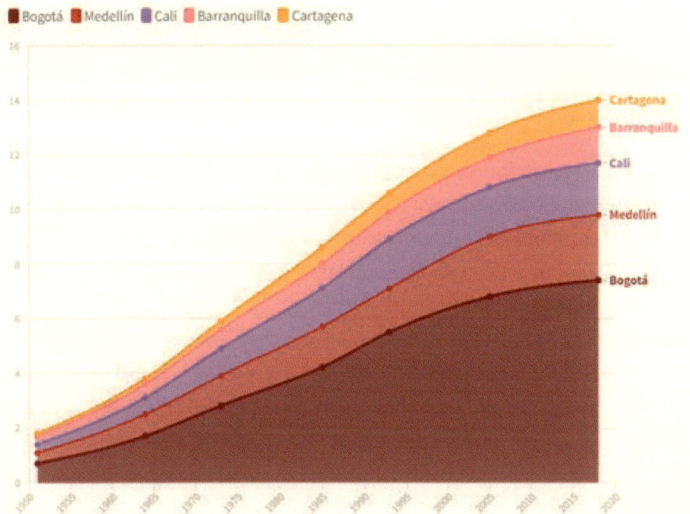

Figura 2. Evolución del número de habitantes, medido en millones, en las cinco principales
ciudades de Colombia entre los censos de 1951 y 2018 (elaboración propia)

Este crecimiento urbano fue radical, llevando a una situación en la que
las 5 mayores ciudades de Colombia pasaron de sumar una población total
por debajo de los cuatro millones de habitantes antes de 1965 a una situación en la que estas mismas ciudades sumaban una población total de más de
diez millones de habitantes en el momento de referencia de 1991. Es decir,
durante las tres primeras décadas de actividad de las guerrillas comunistas en
Colombia, la sociedad colombiana se transformó profundamente de un país
rural a uno urbano:

> (Colombia) se volvió un país urbano, sí, donde ya su mayoría no
> era campesina. ¿Entonces qué pasa? Por ejemplo, surgen los milicia-
> nos. El ejército lo sabía, hacen más daño 10 milicianos bien entrena-
> dos que 50 allá [en lo rural]. Eran bien disciplinados, bien organi-
> zados, bien camuflados en Bogotá. Sí haciendo mucha inteligencia,
> eso era un problema para ellos, por eso se implantaron las estructuras
> urbanas. Claro las perseguían, pero ideológicamente todos lo enten-
> dían, si usan en ese mapa nos íbamos transformando obviamente con
> el contacto urbano… hubo un cambio en la inclinación ideológica.
> (JQ, 2022).

Este fenómeno, obviamente, tuvo consecuencias políticas y nuevas actitudes y diferentes agendas de luchas sociales en las grandes urbes. Una de las razones por las que Jaime Bateman funda el M19, como antiguo miembro expulsado de las FARC, tiene que ver justamente con ideas más urbanas sobre el papel de la lucha armada en Colombia. Pero el tránsito hacia una sociedad más urbana afecta a todos los grupos, que tratan de ganar presencia en las ciudades a través de conexiones formales con milicias que operan bajo sus estructuras o, de manera más clandestina, bajo lazos informales con líderes sociales, organizaciones de la sociedad civil, el mundo académico, etc. Especialmente en ciudades como Medellín, "se masificaron las milicias" (IR, 2022).

La realidad nacional y las formas de lucha se habían transformado hacia debates más urbanos, ofreciendo cambios de modelos nacionales. Estos fenómenos crearon nuevos lazos y nuevas alianzas políticas de las guerrillas con los movimientos sociales incipientes en las grandes ciudades:

> La *UP* [Unión Patriótica] pues se originó con las FARC, el *Frente Popular* se originó con el proceso de paz del EPL y *A Luchar* actuó del lado del ELN, pero no solo el ELN sino de otros grupos de izquierda grupos pequeños de izquierda que se agrupan y conformaron A Luchar y esos tres movimientos de izquierda en los últimos años 80 se relacionaban entre sí mucho y hasta llegaron a tratar de unificarse los tres. (IR, 2022)

De modo que, la creciente voluntad de la paz por parte de los distintos grupos guerrilleros estuvo estrechamente relacionada con una necesidad de renovarse en el contexto de la urbanización del país. Los territorios rurales habían perdido influencia relativa en la política nacional y las clases populares se encontraban arraigadas y concentradas en las zonas urbanas del país, creando nuevas lógicas y dinámicas políticas; así como mayores demandas por cuestiones como el acceso a la sanidad y la educación pública que, en cierto modo, obligaron a repensar el ideario político, especialmente para los grupos guerrilleros que habían centrado su discurso en la redistribución de la tierra, una demanda esencialmente rural.

En este contexto de mayor peso de lo urbano, la capacidad de cada grupo guerrillero de ganar influencia política y tejer alianzas con líderes y movimientos sociales en las grandes ciudades fue un elemento clave. Es decir, la voluntad de paz de cada grupo guerrillero vino determinada, en gran medida, por su capacidad de asociarse con movimientos políticos urbanos y construir un proyecto con perspectivas de conseguir una fuerte base de poder nacional.

En este sentido, el grupo con mayor éxito, pues siempre había tenido una base urbana, fue el M19, que explica en gran parte que fuera el primero en firmar la paz con el gobierno:

> En este tipo de movimiento político básicamente la idea es que no fueran partidos solamente, sino que fueran una fuerza más grande. Un partido... eso se buscó concretar después, más tarde, cuando ya firmamos. Entonces esto iba de generar alianzas porque Pizarro se viene a Bogotá cuando no se ha firmado todavía y empieza a entrar en campaña y empieza a hacer alianzas, a buscar sectores políticos para configurar esa fuerza... huir de la idea que fueran solamente los combatientes del M19 que organizaran una fuerza, sino que era con otra gente que iba llegando al proceso. Eso es muy importante. Es decir, es un proceso muy dinámico donde se va configurando cada paso... Eso es lo más importante. Eso cuenta mucho. (OL, 2022)

Otro factor, que debe debatirse en este punto, es que no solo se estaban dando cambios de actitudes por parte de las guerrillas comunistas y los sectores populares. También hubo importantes movimientos dentro de los principales grupos de poder político de las instituciones nacionales durante finales de los años 80 y comienzos de los 90.

El bipartidismo que había marcado los pactos del país desde los años 60 y el acuerdo mutuo de excluir sistemáticamente de las instituciones a los actores comunistas comienza a presentar grietas importantes por una nueva generación de políticos con ideales más abiertos y democráticos. Había, por tanto, una profunda crisis del llamado Frente Nacional de las fuerzas bipartidistas:

> Entonces [el nuevo presidente] Barco hace algunos intentos... de crear un nuevo frente nacional e incluso plantea un acuerdo con el Partido Conservador que llamó el Acuerdo de la Casa de Nariño, pero eso le fracasa también. Las necesidades de una Asamblea Constituyente vienen de la gran crisis del Estado colombiano. Algunos sectores que estaban gobernando sienten que esa crisis requiere transformaciones... ellos veían la paz como un elemento que podía ayudar a esas transformaciones; pero no lo veía como un elemento esencial... La punta de lanza, por así decirlo, fueron los muchachos, los activistas de la universidad privada que se expresaron a través de lo que se llamó el Movimiento de la Séptima Papeleta. (TG, 2022)

Estas nuevas sensibilidades tanto por parte de las nuevas alianzas entre guerrillas comunistas con movimientos sociales populares, por un lado, y fracturas importantes entre las élites que, en parte, especialmente las nuevas generaciones de estos círculos elitistas, apoyaron las propuestas de cambios sustanciales, produjeron una simbiosis favorable a que prosperara, de manera rápida y contundente el proyecto de aprobar una nueva Constitución para el país que renovara las bases del reparto de poder y terminara con el texto de la Constitución previa, que databa de finales del siglo XIX.

En un mundo tan cambiante como fueron los años 80 y 90, quedó en evidencia la necesidad de que un nuevo texto constitucional reflejara los nuevos tiempos, incluidos los cambios globales que se habían dado por el término de la Guerra Fría:

> Hubo vertientes del Partido Liberal entre los 80 y el inicio del 90, varias vertientes que fueron sensibles a la Constituyente y a que fuera una Constituyente de fondo y hubo algunas vertientes conservadoras, como la de Álvaro Durán, que se comprometieron con esto. (IR, 2022)

Por otra parte, son importantes una serie de cambios que se dieron a nivel más micro, aunque estos factores estuvieran interconectados con los cambios que se estaban dando a nivel internacional y nacional. En definitiva, dentro de los planteamientos de los propios grupos y los debates que se estaban dando internamente en torno al final de los años 80 y comienzos de los años 90, hubo dos factores clave que marcaron el grado de predisposición de cada grupo en cuanto a su apoyo final a la paz.

Por un lado, cómo se respondió a una sensación generalizada de que la lucha armada había perdido su romanticismo inicial que sectores importantes de la sociedad le atribuían y, al contrario, estaba creciendo un repudio social a cualquier tipo de violencia armada, ampliándose las sensibilidades humanitarias y el desprecio al sufrimiento de personas inocentes o indefensas.

Es decir, de la mano de los cambios globales y la pérdida de impulso del comunismo internacional, se veía con cada vez peores ojos la acción armada y el sufrimiento humano, especialmente con eventos catastróficos como la Toma del Palacio de Justicia que pudo ser filmado y televisado ampliamente. De alguna manera, a través de la televisión creció la inmediatez y la imagen viva de lo que significaba la violencia más allá de razonamientos abstractos y planteamientos teóricos. Un antiguo líder de las guerrillas del M19 lo describe con las siguientes palabras:

(Había) gente que antes nos apoyaba, que nos conversaba, que se sentía parte del M-19, pero la gente desarmada empezó a alejarse de nosotros. Ese deseo de alejamiento de la gente, pues lo sentimos colectiva y personalmente. Mucha gente que antes estaba cerca de nosotros ya no quería saber nada de nosotros y, desde luego, eso generó muchas angustias por parte nuestra porque también en nuestro ADN del M19 la colectividad con la gente siempre fue un principio, igual que las armas, pero creo que a veces incluso más importante que las armas mismas... Es cuando el pueblo empieza a alejarse de las armas, de nuestras armas digo, no, pues algo está pasando y la embarramos y empezamos a entender. Y creo que Pizarro lo entendió muy claramente que la única manera de encontrarnos de nuevo con el pueblo era a través de la paz... el camino de la paz parecía estar sellado... Pizarro se da cuenta de eso y empieza un esfuerzo grande para que nos metamos todos, todas las organizaciones en un esfuerzo de paz, pero no lo logran nos toca a nosotros M19 meternos. (TG, 2022)

Sin duda, los cambios urbanos en Colombia y la pérdida de autoridad moral en un contexto internacional desfavorable a la continuidad de la guerra fría tuvieron un rol importante en que todos los grupos guerrilleros de Colombia vivieran a partir de finales de los años 80 un debate interno muy grande sobre su propia razón de ser y sobre la cuestión si la guerra contra el Estado colombiano seguía siendo justificada, legítima y viable.

Sin embargo, entrando ya en la trayectoria tan diferente del M19 y el EPL por un lado que firmaron la paz y dejaron de existir como grupos armados –y las FARC y el ELN por otro lado– que continuaron la guerra durante más de 20 años adicionales en el caso de las FARC y hasta la actualidad en el caso del ELN, debe debatirse como uno de los aspectos clave la cuestión del desarme y los modelos de dejación de armas que se dieron y que informaron, en gran medida, el éxito y fracaso de la paz con cada uno de los grupos.

De este modo, el éxito del proceso del M19 (y más tarde el EPL) estuvo ligado a una apuesta clara por la dejación de armas inmediata en vez de una combinación de los métodos de lucha y entrega de armas solo si se materializaban las garantías del Estado a lo largo de los años como fue el planteamiento de las FARC. En el M19, la apuesta fue la siguiente:

La reflexión que hacemos nosotros es que la manera cómo evitamos que el Estado justifique el asesinato de la gente nuestra es que... tenemos que hacer el desarme y que no podemos jugar a que algunos salimos a desarmar a hacer política y otros permanezcan armados, porque es un poco la justificación para las masacres o el genocidio de la Unión Patriótica... Es decir, es un poco paradójico, digamos decir que salir sin garantías de una retaguardia armada era más seguro que mantener una retaguardia armada. (TG, 2022)

De esta manera, siendo a primera vista paradójico, la desprotección propia asentaba el camino para una rápida voluntad y capacidad del estado de proteger a los antiguos excombatientes del M19. El EPL apostó por el mismo modelo e hizo una clara apuesta por un desarme que fue más complicado por la mayor envergadura de la organización, pero, en términos generales, logró una rápida y clara dejación de armas. Solo un cinco por ciento de la organización formó disidencias granulares que nunca llegaron a tener fuerza importante – unas cifras parecidas al porcentaje de disidencias de las FARC muchos años más tarde tras el proceso de La Habana (véase abajo).

Por lo tanto, un factor clave del éxito de la paz con el M19 y el EPL y que esta paz se pudiera sostener en el tiempo provino de la apuesta clarísima de que la etapa militar había acabado y, por tanto, la decisión debía ser total y llevar a la consecuencia lógica de hacer entrega completa de las armas en la mayor brevedad posibles. Este planteamiento resultó ser esencial debido a la muestra de buena fe que creó, generando también que amplios sectores populares volvieran a confiar en el M19, ahora como partido político:

Pues uno sabe que los elementos de confianza nunca son bilaterales, hay que generarlos desde un lado... y lo importante allí –y en eso creo que no nos equivocamos– es que el país empieza a sentir que ya nosotros no íbamos a jugar con el tema de que la paz; iba a ser una bandera... la paz iba a ser un compromiso profundo, serio, cumplible... y en ese sentido el país nos iba a acompañar en ese proceso. Como realmente ocurrió. (TG, 2022).

Sin embargo, como se analiza en la sección siguiente, las FARC abandonaron el proceso constituyente y el ELN tampoco se integró a la paz. Por tanto, la nueva Constitución de 1991 no alcanzó un consenso entre las fuerzas comunistas. Hubo una variedad de factores importantes en estos fallos de alcanzar la paz con las FARC y el ELN que deben ser analizados en detalle, ya que permiten una serie de conclusiones importantes sobre cuáles fueron los fallos estratégicos tanto por parte del gobierno como por parte de las FARC que, a pesar de haberse expresado favorable a un acuerdo de paz duradero no consiguieron ni de lejos generar los requisitos necesarios para que hubiera una paz longeva basada en la confianza que sí había logrado construir el M19 y el EPL con el gobierno y el sistema institucional del país.

2. Hacia una Constitución Incompleta: Factores de fracaso de la paz con FARC y ELN

En los procesos de paz que se dieron a finales de los años 80 y comienzos de los años 90 en Colombia, es relevante diferenciar entre posibilidad de paz y realización de dicha posibilidad de paz. Es decir, bajo una realidad internacional cambiante, hubo un momento muy propenso a que se agotaran los ciclos de la lucha armada a favor de modelos pacíficos de reformismo y socialismo integrado en el sistema político del país. Sin embargo, no debe confundirse la presencia de un contexto y marco especialmente propenso a la posibilidad de construir una paz permanente y duradera con la idea de que la paz tuviera que darse de manera determinista.

Por tanto, durante el proceso constituyente, la posibilidad de la paz era alta para todos los grupos guerrilleros principales (M19, EPL, FARC, ELN); pero unos aprovecharon la oportunidad, mientras que otros cometieron fallos estratégicos con consecuencias duraderas, partiendo de la base de que todos estos grupos habían comenzado a formular la idea de que la transición hacia la política era inevitable en el marco del final de la Guerra Fría.

Por su parte, también el gobierno tuvo un trato diferenciado con cada grupo y cometió una serie de fallos estratégicos. Mientras que la realidad política y social internacional y nacional dictaba un intento de paz, en ningún caso estaba escrito que estos intentos llegaran a buen puerto. Es aquí, en la diferencia entre posibilidad y realidad, donde se encuentran una serie de factores que marcaron el fracaso de la paz con las FARC y el ELN, que, finalmente, seguirían en una estrategia de lucha armada prolongada.

Una de las posibles razones a la hora de explicar las divergencias de las FARC y el ELN (que no firmaron la paz a comienzos de los años 90) y el M19 y el EPL (que sí lo hicieron) podría encontrarse en el tipo de lazos internacionales, referentes y modelos conceptuales que marcaban a cada una de las organizaciones. Como ha sido señalado anteriormente, el M19 habían sido un grupo más moderado en cuanto a su agenda de transformación y, desde sus comienzos, las reformas democráticas tenían un peso muy importante en el ideario. Por tanto, las colaboraciones como la que se dieron entre Carlos Pizarro y Cuba en cuanto a su formación militar fueron más bien estratégicas y no había una sintonía conceptual clara.

La caída del muro de Berlín y el colapso de la Unión Soviética, entonces, fueron eventos clave que reforzaron la visión interna de que la revolución y la vía de las armas no parecía ser el método más adecuado para conseguir sus objetivos. Para el EPL, por su parte, el colapso de la Unión Soviética dejó a la organización huérfana de referentes internacionales nítidos. El EPL inicialmente había sido maoísta, sin embargo, se distanció de los lazos chinos una vez que se dio el distanciamiento de la Unión Soviética y China, en parte, porque el reformismo chino cada vez se distanciaba más de los ideales del comunismo internacionalista.

En este contexto, el EPL giró hacia la Unión Soviética como principal referente y fuente de inspiración conceptual. Al darse el reformismo soviético y luego colapsar el sistema soviético, hubo un vació conceptual que la organización solo supo resolver desde la visión de que la lucha debía continuar a través de medios pacíficos. Por su particular estructura, además, el EPL había mantenido una situación donde "el partido manda el fusil" (véase arriba) por lo que los virajes políticos eran generalmente aceptados dentro de sus cuadros militares. Esto ayudó a un rápido distanciamiento de la guerra una vez que la decisión de la paz había sido tomada por los cuadros políticos de la organización ante la falta de claros referentes internacionales.

Las FARC, por su parte, por ser la organización más autóctona de las cuatro guerrillas principales de Colombia; en especial por su fuerte carácter rural que se mantuvo incluso tras la fuerte urbanización del país. De este modo, de las cuatro organizaciones guerrilleras, las FARC eran las más aisladas del cambio internacional y los debates globales que llegaban a las grandes urbes del país. Obviamente hubo lazos con Cuba y la Unión Soviética y la propia fundación de las FARC tuvo al castrismo como uno de los principales referentes.

Sin embargo, su desarrollo fue cada vez más autónomo y en defensa de una lucha armada a la colombiana que no dependiera en gran medida de los paradigmas conceptuales del comunismo internacional (Priestland, 2010). Esto puede explicar, en parte, que los cambios globales que se dieron con el colapso de la Unión Soviética no tuvieran las mismas presiones sobre las FARC. De esta manera, las FARC formularon una propuesta más propensa a la paz con el Estado colombiano, pero no veían la paz como una vía determinista; todo dependía del tipo de paz y las provisiones específicas que se pudieran acordar.

El ELN, por otro lado, tuvo una experiencia muy diferente. Al ser el grupo más castrista de los cuatro y el más cercano a Cuba, el colapso de la Unión

Soviética no se vivió como un golpe definitivo dentro de la organización. Este mismo marco analítico, en el que las posturas del ELN vienen fuertemente informadas por sus referentes internacionales, explicaría también que el ELN apostara por una estrategia de resistencia, reduciendo su optimismo sobre las posibilidades de ganarle al estado, pero no adoptando narrativas que vieran la paz como algo inevitable; más bien comenzaron a darse debates internos que abrían la posibilidad de la paz bajo la condición de un proceso de consultas y diálogos populares.

Sin embargo, hasta que se diera dicha posibilidad, el ELN se mostró dispuesto a resistir en su lucha –ahora desde objetivos menos ambiciosos y en una estrategia de supervivencia hasta que el gobierno accediera a sus términos de paz. Por tanto, al igual que para Cuba, para el ELN la Guerra Fría no se daba por perdida mientras siguiera habiendo una disputa internacional entre las fuerzas de Occidente y las que proponían modelos internacionales alternativos, incluido las naciones que aún eran abiertamente comunistas.

De este modo, podría argumentarse que la Guerra Fría nunca acabó del todo y dejó secuelas en el nuevo sistema internacional que eran difíciles de resolver y seguían produciendo marcos de resistencia al capitalismo internacional. En esta capacidad de resistencia del ELN, los lazos con Cuba, que también se encontraba en una estrategia y narrativa de resistencia, fueron fundamentales.

A nivel macro, hay razones por las cuales las transformaciones ideológicas internacionales llegaron de manera distinta a los debates internos de cada uno de los grupos guerrilleros de Colombia y las posturas de paz que se formularon finalmente. En este sentido, una explicación de por qué el ELN fue el grupo menos propenso a iniciar un proceso de paz –siendo el único que no planteó la participación en el proceso constituyente de manera seria– podría tener relación con las rupturas que se dieron dentro del grupo entre cuadros políticos y cuadros militares, que acabaron generando la escisión de la Corriente de Renovación Socialista (CRS).

> El ELN va a la negociación de paz de Caracas y si tú miras los congresos… el ELN … no ha llegado a hacer formulación clara por la paz… Entonces ellos han estado con A Luchar, o si no estaban de cuerpo presente con A Luchar, al menos, en el seno del ELN, defendía la tesis de que hay que promover la participación política y hay que crear un movimiento político amplio. Entonces realmente la CRS es un subproducto de A Luchar, de la aproximación a la política en-

tonces, por eso también es un proceso largo en el ELN porque no es un sector que se politizó y empieza un proceso a politizar la organización… se dio la constituyente, se dieron los procesos de paz. Entonces los que más tenían sensibilidad política, no se aguantaron. Digamos, hay que dar el paso a lo político. Se cayó el Muro de Berlín en todo el mundo empezaron a cambiar cosas… esto ya está, esto ya no aguanta. (IR, 2022).

Es decir, numerosos de los cuadros políticos –justamente son los cuadros políticos los que tienen mayor capacidad de traducir los cambios globales e internacionales en nuevas agendas programáticas sobre el terreno– decidieron salirse de la organización y se decantaron por la vía de la paz. De esta manera, la parte más intelectual del ELN participó del proceso constituyente, mientras que los mandos militares y más operativos quedaron en la lógica de la guerra prolongada.

Se ha señalado que este hecho, el de la salida de la CRS de las estructuras del ELN pudo significar que, al haberse salido importantes sectores con peso político, la posibilidad de la paz del ELN se reducía. En otras palabras, la Corriente de Renovación Socialista podría haber jugado un rol más positivo dentro de la organización del ELN que fuera de ella. Al salirse de las estructuras del ELN, los sectores que podrían haber liderado una transformación del grupo hacia la paz, quedaron aislados del resto de la estructura y, por tanto, ya no podían influir sobre las decisiones internas del grupo.

Esto puede explicar, entonces, las razones por las cuales el ELN fue el único grupo que no formulara la paz como vía deseada de manera clara en este momento. Todos los demás grupos principales (M19, EPL y FARC) intentaron la paz en este momento: el M19 y el EPL implementando la paz de manera efectiva, y las FARC fracasando en el intento. La salida de la CRS tuvo un impacto duradero, consolidando a los sectores militaristas en el núcleo duro del liderazgo de esta organización guerrillera.

En el caso de las FARC, su condición como la guerrilla más potente en términos de capacidad bélica también complicaba el escenario de la consolidación de la paz puesto que, al ser la guerrilla más grande, estaban en el punto de mira de grupos paramilitares y otros actores que temían que una Unión Patriótica fuerte –el partido político que había sido fundado en conexión con las FARC– podría ganarle al orden establecido a través de las urnas. Es decir, un factor por el cual una intención de paz en este momento no llevó a la realización final de un acuerdo de paz amplio se debe a que la resistencia violenta a este proceso fue muy grande tal como quedó en evidencia con la matanza de líderes sociales que se encontraban conectados con la Unión Patriótica.

Por tanto, se puede hablar de que la paz con las FARC era más complicada por su capacidad real de ganar unas elecciones nacionales en los años 90. Se dieron procesos por los cuales la decisión de las FARC de no dejar las armas de manera inmediata –a diferencia del M19 y el EPL– generó una serie de desconfianzas por parte de los actores gubernamentales y paramilitares de Colombia. En este sentido, la capacidad de la comunidad internacional a la hora de presionar a las FARC para una entrega de armas efectiva no era lo suficiente en los años 90.

Uno de los principales problemas fue que el modelo propuesto por el gobierno limitaba de manera muy estricta el número de negociadores que se invitaban a la mesa por parte de cada grupo y, además, no adoptaba a la hora de definir el número de representantes de cada grupo guerrilleros un modelo proporcional que hiciera justicia con la correlación de fuerzas sobre el terreno donde, por ejemplo, no era comparable la capacidad bélica de las FARC con las del M19, que era un grupo mucho más pequeño. Esto generó una situación en la que las FARC no vieron reflejado su peso real en las posibles negociaciones de paz en el marco de la asamblea constituyente.

Más allá de un mal diseño del reparto de poder entre grupos durante los procesos que hubieran abierto una negociación más amplia en torno a la Constitución de 1991, también debe tenerse en cuenta que, a pesar de los cambios globales e internacionales, muchas de las desigualdades estructurales en Colombia permanecían intactas. Esto podría explicar por qué el ELN pasara de una estrategia de ofensiva, que había defendido durante toda la guerra fría, a otra estrategia de resistencia. Por otro lado, en el caso de las FARC, su identidad rural y su objetivo principal de una reforma agraria, también los alejó de los debates de la paz que se estaban dando sobre todo desde posturas urbanas.

Mientras que el país se había urbanizado fuertemente, el ámbito de actuación de las FARC seguía siendo principalmente rural y, por ello, la continuidad de las desigualdades rurales ofreció un marco conceptual e ideológico para la continuidad de la lucha armada por parte de las FARC. De esta manera, debido a su carácter más rural, puede decirse que sus valores conceptuales eran más resistentes a los cambios conceptuales que llegaban desde la esfera de la geopolítica mundial.

Hasta la actualidad, en Colombia, las desigualdades estructurales en lo rural siguen siendo amplias y, a pesar de la llegada de muchos cambios internacionales, muchas de las realidades locales que motivaron la lucha de las FARC seguían intactas sobre el terreno:

> A la media hora o 40 minutos de tanta tierra, llegan unas casas muy miserables, un pueblo que se levantó en el lugar donde confluyen las dos grandes haciendas. En medio está el pueblo, por el pueblo viene un río. Cuando el río crece se inunda completamente. Aquí están el factor grande y el factor pequeño. O sea, en eso que le estoy mostrando ahí radica el problema… A veces bajan de la montaña y roban una vaca. Pero ahí está el problema, muchas tierras sin utilizar y sin acceso para la gente. (CX, 2022)

Por tanto, en el caso de las FARC, la importancia de las desigualdades estructurales en el reparto y la explotación de la tierra seguían siendo el principal elemento de justificación que llevó a no dejar las armas hasta que vieran cambios en este sentido y una voluntad real por parte de los actores gubernamentales de implementar una paz bajo criterios de justicia rural. De esta manera la explotación de la tierra continuaba y ofrecía recursos discursivos, imaginarios colectivos de injusticia rural y una base conceptual para la continuidad de las acciones guerrilleras:

> Acá en el Pacífico, en la parte norte, está siendo objeto del mayor saqueo de maderas vírgenes, explotando una selva virgen de las más ricas que tiene el mundo. Sólo les interesa como sitio para sacarlo todo y dejarlo desertizado. Son territorios muy frágiles, y la política ha sido la de tumbar árboles para meter vacas. (CX, 2022)

Otro elemento para que no funcionara la negociación con las FARC como el grupo con mayor implantación territorial fue que las negociaciones se dieran entre élites y dirigentes selectos de las guerrillas. Esta falta de territorialidad en el tipo de negociaciones que se dieron provocó que, especialmente para una organización tan grande como las FARC, era extremadamente difícil construir legitimidad y apoyo para el proceso constituyente en un contexto donde los mandos medios de la organización se encontraban aislados de las conversaciones entre el gobierno y las FARC.

Por tanto, en una organización basada en ideales rurales, no contar con una representación efectiva de los territorios rurales, no podía llegar a una situación de paz si solo se negociaba con algunos representantes del Estado Mayor. Esto podía funcionar para grupos menos arraigados en luchas rurales o más pequeños –como el M19 donde las decisiones dependían en alto grado de la voluntad de Carlos Pizarro y otros pocos líderes– pero para las FARC, el modelo de negociación era inadecuado puesto que su acción se organizaba desde lo rural y la periferia:

> En la vida, en este planeta, la evolución de las especies es gracias a los movimientos de la periferia, a la lógica de cambio. Que es donde se da. Y digamos que donde realmente están sucediendo los cambios es ahí. Entonces, los estados siempre van detrás de los cambios que suceden en las periferias. Los estados lo que hacen es legalizar o domesticar los cambios. Los cambios de la periferia. (BW, 2022).

Sin embargo, mientras que este argumento tuvo su peso a la hora de entender por qué unas negociaciones a muy alto nivel no funcionaron para las FARC debido a su tamaño y su implantación territorial, hay razones para sospechar que no podemos hablar aquí del elemento fundamental. Si nos limitáramos a la cuestión de la implantación rural de las FARC en comparación con el mayor peso de lo urbano para actores como el M19, este argumento tendría congruencia analítica. Sin embargo, el caso del EPL, desdice esta lógica puesto que también fue una guerrilla con una presencia amplísima en zonas rurales.

Quizás, de manera más ponderada, en esta dualidad entre lo rural y lo urbano lo que interesaría analizar en mayor detalle para entender las trayectorias distintas de los grupos guerrilleros desde una mirada meso-analítica, es la de cómo se relacionaba cada guerrilla con las organizaciones civiles y sociales en las grandes ciudades y cómo las decisiones de los brazos urbanos de cada grupo tenían importancia sobre las posturas de la paz finales que adoptaban cada grupo guerrillero.

En definitiva, tal como ha sido argumentado arriba, los cuatro grupos guerrilleros principales de Colombia todos estuvieron asociados a movimientos políticos específicos en el que se enmarcaron durante la etapa de los años 80 y 90; entonces, las posiciones a favor o en contra de las paz de los grupos sociales que eran relevantes para cada grupo fue muy importante a la hora de determinar si las organizaciones guerrilleras en cuestión percibían presiones suficientes o no para entrar en el proceso constituyente y, en definitiva, apoyar una paz permanente con el estado colombiano.

Así, por ejemplo, en la relación entre el movimiento estudiantil y el ELN, el primero adoptó banderas propias del ELN; en vez de una situación en la que el movimiento presionara al grupo guerrillero en cuestión para que adoptara posturas más propensas a la paz que estaba planteando el gobierno:

La insurgencia no es ajena a los movimientos sociales. Claro, el ELN también tenía influencia en el movimiento estudiantil y, en el momento, el movimiento estudiantil se opuso a la Constituyente y lo que plantearon fue una bandera del ELN, una ANP Asamblea Nacional Popular o sea una asamblea no Constituyente sino una asamblea de poder revolucionario sin entendimiento con las élites. No de transacción con la burguesía, eso es traicionar la revolución. (IR, 2022)

Por tanto, en el caso del ELN, se dio un proceso en el que los movimientos sociales a los que se encontraba conectado no se decantaron por una paz en los términos que se estaba planteando desde los partidos políticos dominantes del bipartidismo. De esta manera, una de las razones por las que no se dio una simbiosis del ELN con los demás grupos a la hora de proponer un proceso de paz amplio fue justamente el rechazo narrativo y conceptual a una nueva constitución que fuera negociada por las élites y los líderes principales de las guerrillas. Esto es una diferencia clave que debe tenerse presente a la hora de analizar las distintas trayectorias del M19, el EPL, las FARC y el ELN.

Adoptando miradas más micro, es decir, dentro de los procesos que se dieron dentro de cada grupo, sin embargo, no es suficiente analizar los debates y los cambios conceptuales, especialmente, a la hora de explicar por qué una voluntad de paz por parte de las FARC en los años 80 y 90 no se tradujo de manera efectiva en una realidad de paz. En definitiva, podría hablarse de una situación donde la paz era, teóricamente, posible por parte de las FARC, pero se dieron una serie de realidades de extrema inseguridad y no prosperó un marco en el que los líderes de la UP pudieran hacer política de manera desconectada a las acciones bélicas por dos motivos principales que caben destacarse en este sentido.

Primero, al ser la guerrilla más fuerte, como había sido explicado anteriormente, estaban en el punto de mira de los actores de la lucha contrainsurgente que trataban de evitar un ascenso al poder de las FARC a través de la vía pacífica de contestar unas elecciones. Por otra parte, la decisión de las FARC de no dejar las armas supuso una falta de credibilidad de sus intenciones puramente pacíficas. Incluso en el supuesto de que esta falta de desarme fuera puramente una decisión defensiva, generó problemas de desconfianza donde, por un lado, se dificultó que fueran las propias fuerzas armadas las que pasaran a garantizar la seguridad de excombatientes y líderes sociales ligados a la UP; por otro lado, conllevó a la imagen de que estaban jugando con cuestiones de la paz, combinando acciones bélicas y pacíficas en una especie de guerra por todas las vías.

A diferencia del EPL y el M19 que, sí dieron pasos claros hacia el desarme rápido y efectivo, las FARC, con su decisión de no desramarse inmediatamente durante los procesos de la creación de la UP, siguieron en una lógica belicista donde sus enemigos tenían un motivo claro para seguir atacando sus estructuras por la vía armada. Por otro lado, no se contó con modelos de protección apoyados por la comunidad internacional tales como los que se darían más de dos décadas más tarde con la paz de La Habana.

En cuanto a la situación interna de cada guerrilla, también podría pensarse que el grado de fuerza con el que cuenta una guerrilla en un momento determinado. Es decir, podría pensarse que la correlación de fuerzas de cada momento puede ser un factor influyente sobre cuándo una guerrilla está dispuesta a negociar con el Estado y cuándo persiste en la guerra como la vía a adoptar. Este argumento, por ejemplo, sostendría que las FARC, al ser la fuerza guerrillera más potente eran las que mayores oportunidades tenían de conseguir promover una toma del poder nacional por la vía armada.

Sin embargo, tras varias décadas de acción guerrillera, no parece del todo congruente este argumento, especialmente, si se observa la evidencia sobre los procesos e intentos de paz que se dieron con las FARC a partir de los años 80. No hay una correlación clara entre momentos de fuerza –o situaciones de especial debilidad– y la decisión de negociar la paz. O, más bien, se dieron procesos de negociación tanto cuando la situación estratégico-militar era favorable a las FARC como en momentos de resistencia y fuerte desplazamiento.

Es decir, este argumento de la correlación de fuerzas no parece ser un factor determinante, pues se han dado situaciones de negociación en todos los escenarios posibles de correlación de fuerzas. Entonces, en realidad, la decisión de negociar la paz es más bien política: una decisión ideológica más que una necesidad derivada de la situación militar. Según un destacado experto sobre la historia de las guerrillas en Colombia "la voluntad de paz de las FARC siempre estuvo manifiesta" (NM, 2022) o en las palabras de un ex miembro del Estado Mayor de las FARC "nosotros desde el año 84 con La Uribe estamos planteando que la salida al conflicto es una solución política" (CM, 2022).

Por lo tanto, el argumento de la correlación de fuerzas como factor clave en la decisión de negociar la paz no se sostiene ni por las visiones internas que expresan los propios grupos ni por la evidencia histórica:

> … es un poco simplista decir que cuando están fuertes no quieren
> negociar y cuando están débiles sí quieren negociar. Yo lo que pienso
> más bien, es que la decisión de la salida negociada, que es una idea

histórica de las FARC desde… los años de Betancur… realmente fueron, digamos protagónicos en esos años con Betancur de abrir las posibilidades de la salida negociadas, la paz con justicia social, como decía Marulanda y Jacobo pues ha sido un recurso en toda su historia. (RI, 2022)

Sin embargo, lo que si puede tener importancia a nivel micro es la cuestión de qué sector dentro de la organización pesaba más en cada momento. Es decir, como ya ha sido analizado extensamente para el caso del ELN y la escisión de la CRS, es importante tener en cuenta que en cada organización guerrillera hay corrientes, bloques y bandos ideológicos que pueden, en determinadas ocasiones cobrar o perder peso y marcar, como consecuencia, cambios fundamentales en los tipos de debates programáticos que se dan dentro de la organización guerrillera en cuestión.

Así, un aspecto importante a analizar es la diferencia entre los sectores más ideológicos y los sectores militaristas de cada organización. El nivel conceptual y el operativo-militar suele producir debates y dinámicas diferentes según el peso de cada sector:

En las FARC siempre se habló de dos líneas internas: de la línea Manuel (Marulanda) y de la línea Jacobo (Arenas). Jacobo Arenas es este histórico de las FARC, del partido, que se forma en Europa, o sea, montó con todo un cuadro político que llega a lo militar. Y Manuel Marulanda pues es de la tradición campesina rural, de la lucha más por la resistencia y la pervivencia que cualquier otra cosa. El viejo se hace comunista en el monte, no era comunista antes y eso va a marcar una línea muy fuerte, porque lo que plantean es que hay una línea muy militar, que es la línea de Manuel. Entonces estaban personas como Tirofijo como el Mono Jojoy… acá gente de extracción popular, campesina, obrera cierto… y los otros eran los intelectuales, acá están Alfonso, Simón, digamos toda esta gente urbana llegada. Y yo creo que lo que queda ahora es una mezcla de esas líneas… acabaron todos en la línea militar (PK, 2022).

Este argumento es clave puesto que muestra que, especialmente al agotarse la vía política con las masacres hacia líderes sociales de la UP, los sectores militaristas cobran legitimidad en su discurso belicista. Es decir, el fracaso del proceso de paz con la UP y las matanzas que sufrieron sus miembros son un elemento clave al definir los pesos internos de los sectores políticos y los sectores militaristas y, hasta cierto grado, también podría hablarse de una situación en la que los propios sectores políticos se volvieron más militaristas al ver que sus propias fórmulas habían llegado a una situación de persecución, desprotección y matanzas.

Podría argumentarse, por tanto, que la experiencia traumática con la UP fue un movimiento brusco para las FARC, en el que el sector político perdió numerosos miembros y los que sobrevivieron vieron reducida su credibilidad de que se podría continuar por la vía política. Es decir, las matanzas de la UP acabaron con los cuadros políticos de las FARC, los que tenían influencia a la hora de organizar una transición hacia la paz. Por tanto, tanto las FARC como el ELN pierden a finales de los 80 y principios de los 90 sus cuadros políticos, dejando organizaciones lideradas por los cuadros militares, mucho más cerrados al compromiso.

En este sentido, también deben destacarse fallos clave por parte del gobierno colombiano en las estrategias de negociación puesto que desde el "gobierno quisieron aplicar todo igualito al M19, y se estrellaron con la realidad claro... Llegaron buscando un Pizarro, pero ahí no había ningún Pizarro, ahí va a ir un partido y un Estado Mayor Central." (IR, 2022). Hubo dos fallos simultáneos, entonces, por parte del gobierno:

1) No promover una discusión multilateral que buscara una confluencia de todos los actores que necesitaban acordar la paz para, realmente, llegar a una paz efectiva. En el modelo que se propuso y que no contó con el apoyo final de las FARC y el ELN un problema fundamental era que, incluso si otros grupos como el M19 y el EPL, de manera más bilateral, podían acordar la paz y lo hicieron, no contar con las FARC produjo una situación en la que éstas, al ya no competir con el EPL y el M19, cobraron un peso importantísimo y, de hecho, fueron capaces de expandirse de manera dramática en su fuerza y presencia militar a través de todo el territorio colombiano durante la década de los 90.

2) No entender que cada grupo tenía agendas, estructuras y necesidades diferenciadas produjo que se tratara de replicar modelos de negociación que servían para algunos grupos (como el EPL y el M19), pero no tenían cabida en el ideario y las peticiones históricas de otras guerrillas como las FARC y el ELN. Es decir, cada grupo tenían banderas principales por las que luchaba desde hacía varias décadas. No entender dichas banderas, especialmente en el caso del ELN, signi-

ficó, en gran medida, que unas negociaciones estuvieras destinadas al fracaso desde el comienzo.

La cuestión de las banderas es fundamental. Cada grupo había desarrollado un ideario que, hasta cierta medida, era autóctono. Por un lado, se entendía que había objetivos comunes básicos entre las guerrillas a nivel de debates más abstractos como los de luchar por la justicia social, en contra del capitalismo y las nuevas formas de imperialismos externos. Sin embargo, los detalles importaban en una medida esencial y es así como cada grupo había formulado una bandera principal distinta que justificaba su razón de ser.

Por tanto, no conocer esta razón de ser al detalle, no entenderla o no querer hacer el esfuerzo de tratar de entenderla fueron un obstáculo grandísimo para un gobierno que trataba a las guerrillas por igual cuando las sensibilidades de cada una de ellas jugaban un rol esencial en los posibles imaginarios de la paz.

Es decir, la paz solo podía ser pensada desde una situación en la que las posturas conceptuales del gobierno se acercaran a compromisos que honraran la razón de ser principal de cada guerrilla y, sin este requisito básico, cualquier negociación estaba destinada a fracasar si no se conseguía convencer a la guerrilla en cuestión que su razón de ser ya no era congruente. Entonces, para alcanzar la paz, una guerrilla que no había sido derrotada en el campo de batalla necesitaba la certeza de que, al menos en parte, había cumplido con sus objetivos a través de un proceso de paz que reconocía e integraba su agenda a los objetivos políticos del país:

> La bandera del M19 era concertación y diálogo, el EPL proponiendo el dialogo Constituyente y las FARC proponiendo reforma agraria, pero a la vez coincidieron porque hubo solidaridad, hubo una sinergia positiva… ¿Cuál fue la consigna de negociación del EPL? Armas a discreción de la Constituyente… nosotros estamos levantados en armas contra la Constitución de 1886 que sigue vigente. Nosotros vamos a salir y las armas le quedan a discreción de la nueva Constituyente del 91. Esto es real, la bandera del ELN… ¿sabes cuál es la bandera? Una Convención Nacional para hacer la paz, hacer la Convención Nacional para la paz así la llamaron. El ELN propone la paz sí, solo sí, a condición de una consulta con participación de la población desde abajo y desde lo local. Que no exclusivamente con los sectores populares y pobres, con toda la sociedad y eso lo llamó Convención Nacional. No le requieren llamar Constituyente, no le quieren llamar referéndum, no le quieren

llamar plebiscito, eso es derecho burgués. Nosotros somos originales, Convención Nacional. (IR, 2022)

Esta falta de entendimiento ya se dio en los años 90, pero fue un factor relevante para los fracasos de varios procesos de paz más adelante también. Sin embargo, existen visiones diferentes sobre este punto que deben ser debatidas y ponderadas. Para el caso de las FARC, por ejemplo, podría argumentarse que el camino hacia la paz hubiera sido posible sin la persecución política y la matanza que vivieron los líderes sociales de la UP.

Por lo tanto, bajo esta visión, podría pensarse a primera vista que la cuestión ya no giraba en torno a la reforma rural como la bandera principal y la cuestión indispensable para que las FARC apoyaran la paz:

> Algunos dicen que la causa principal del conflicto fue la tierra, pero otros, incluso más, decían que en su opinión no fue de la tierra. Fue la persecución política, la exclusión política, la falta de garantías políticas, la violencia contra los opositores, que fue lo que hizo que la gente saliera huyendo a armarse. (FU, 2022)

Sin embargo, si miramos la importancia que tuvo la reforma rural años más tarde en el proceso de paz de La Habana, este argumento no se sostiene. Más bien, puede argumentarse que no tiene sentido ver la bandera principal de manera aislada de otros factores más prácticos como la inseguridad y las matanzas que sufrieron miembros de las FARC.

Por tanto, la bandera principal de la reforma agraria seguía estando vigente. De esta manera, más bien, se podría argumentar que la persecución de la UP creó una serie de cicatrices y una capa adicional de motivaciones para seguir con el conflicto armado. Como hemos visto anteriormente, esto tuvo su peso también en que empezaran a coger fuerza los sectores militares de la organización guerrillera por encima de los cuadros políticos.

Por tanto, hay dos capas clave: la capa conceptual de las banderas principales y la capa práctica de que el modelo de negociación o aspectos clave como la seguridad de los antiguos combatientes o brazos políticos de estas organizaciones guerrilleras también tienen un peso enorme a la hora de definir el éxito de la paz pues, en resumidas cuentas, todos los aspectos anteriores son una señal de buena fe y de una intención real de construir una paz duradera y sólida que permita en el tiempo.

A la inversa, cuando se plantean negociaciones de mínimos y se presenta una agenda muy acotada, las intenciones y posibilidades reales de una paz integral son escasas. Esto, por ejemplo, puede verse en el caso del ELN, donde gobierno tras gobierno fallaba a la hora a la hora de plantear acuerdos sólidos:

> Cómo participa la sociedad y esa es como la gran pregunta… en los nuevos consejos comunitarios, no se podía hablar de derechos humanos, ni se puede hablar de narcotráfico, ni se podía hablar de temas nacionales y es vinculante cierto, pero ese el cómo se ratifica eso en términos legales, la ratificación legal de ese carácter vinculante… [La propuesta del ELN es] un ejercicio de democracia directa… Si es un evento no hay posibilidades de retroalimentación, no hay posibilidad de seguimiento a lo acordado y no hay posibilidad de enriquecimiento de lo que eso haga. (ZA, 2022)

En cualquier caso, también sería simplista analizar la situación de porqué fallaron ciertos procesos de paz únicamente desde la perspectiva del gobierno. Especialmente, en el caso del ELN los procesos de deliberación interna que definieron los criterios para la posibilidad de la paz fueron mucho más lentos que para el resto de las organizaciones guerrilleras. Quizás el primer gobierno en entender al completo que el ELN tenía sus propios tiempos fue el gobierno Samper y, en especial, su Comisionado de Paz (Víctor G. Ricardo). Durante los años del gobierno de Samper, un alto funcionario de la paz durante ese mandato sostiene que:

> Lo que buscamos era generar como si se quiere las herramientas jurídicas, la arquitectura institucional que permitiera ir hacia adelante, reabrir y abordar una negociación política… las semillas del proceso… teóricamente uno podría decir que para una negociación es mucho más eficaz si se quiere contar con una estructura única o unificada de la insurgencia como sucedió en el caso del Salvador o de Guatemala donde a pesar de las diferencias que tenían las distintas guerrillas, pues en el momento de negociar con el estado… se permitió una sola negociación… obligó a que le tocara al Gobierno de Samper y lo que le ha tocado a todos los gobiernos de Colombia con la excepción de ese momento único con la época de Gaviria de realizar negociaciones y procesos distintos. (RI, 2022)

Por tanto, la falta de una negociación completa con todos los grupos tuvo dos causas esenciales y se puede sostener que, primero, el gobierno no buscó un modelo realmente integrador (véase abajo) donde confluyeran todas las guerrillas y, segundo, los diferentes tiempos de cada guerrilla a la hora de formular posturas claras sobre qué tipo de paz les parecía aceptable tampoco ayudaron para que hubiera un momento de posturas de paz generalizadas.

Así la coordinación de posturas entre guerrillas se topó con que no todas las guerrillas habían determinado su hoja de ruta hacia la paz de manera clara. Ahora bien, esto puede analizarse de manera dialéctica: la falta de claridad inicial en su bandera de paz del ELN fue un obstáculo, pero, también, si se hubiera realizado un esfuerzo más profundo de generar marcos donde el ELN participara con más protagonismo, existe la posibilidad de que la confluencia hubiera sido mayor y que los procesos de definición de la bandera de la paz del ELN, posiblemente, se hubieran acelerado bajo un mecanismo de negociación multilateral con todas las guerrillas representadas de manera amplia y proporcional.

Mientras que estas últimas consideraciones son altamente especulativas pues no es posible probar estos escenarios, lo que parece evidente es que el modelo de negociación propuesto por el gobierno Gaviria –con una inclusión muy limitada de los diferentes grupos guerrilleros– habla claramente de la ausencia de una buena fe consistente que pudiera servir como fundamento para el inicio de un proceso de paz más sólido y con claras intenciones de llegar a soluciones integrales:

> Eso fue lo que se planteó finalmente [por parte de Gaviria]... toda la Coordinadora participaría en la constituyente con 15 delegados. El presidente Gaviria no aceptó y rotundamente dijo que solo tendríamos cinco delegados para todos los grupos, para todos los grupos... El EPL todavía... estaban en negociaciones, pero ellos no habían dejado las armas. El ELN también estaba incluido ahí... o sea, era la paz total la que la que ahora está planteando Petro. El presidente Gaviria no aceptó eso y en cambio de eso lo que nos mandó fue un bombardeo... (CM, 2022)

Es decir, la voluntad política por parte del gobierno no fue nunca lo suficientemente contundente como para encajar los complejísimos equilibrios que requería una paz completa. Es decir, no es posible alcanzar una paz completa con voluntades incompletas. Pero, especialmente en el caso del ELN, la voluntad de paz aún estaba siendo construida cuando se dio el proceso constituyente y no fue hasta el gobierno Samper cuando formuló de manera más precisa sus condiciones para apoyar una posible paz:

> Fue durante el gobierno de Samper que se da el tercer congreso del ELN de tomar la decisión de formalmente proponer una meto-

dología allí, diría yo, una propuesta de negociación política que ellos llamaron la Convención Nacional que implicaba una participación de la sociedad protagónica que es distinta a la negociación bilateral que siempre caracterizado a las conversaciones de las FARC con el estado colombiano. (RI, 2022)

En este punto, es importante señalar que a la hora de analizar los tiempos y los cambios conceptuales dentro de las organizaciones guerrilleras tienen una relevancia muy importante los marcos y los procesos orgánicos de cada grupo, pues marcan justamente esos tiempos por los cuales se puede llegar a cambios de posturas. Es sorprendente, en el caso del ELN, que los congresos –como las reuniones fundamentales a la hora de marcar una nueva hoja de ruta– se dan con mucho menos frecuencia que en otros grupos.

En cualquier caso, lo que es relevante señalar es que la voluntad de paz fue parcial o poco clara por parte del ELN en el momento de la Constituyente, por lo que la confluencia con los demás grupos era, de entrada, difícil. Pero, de nuevo, el gobierno podría haber tomado una mayor iniciativa de negociación multipolar, que, posiblemente hubiera presionado al ELN a la hora de acelerar sus tiempos hacia una bandera clara que le sirviera para aceptar una paz integral.

Capítulo 6

Cicatrices en la tierra: La paz con las FARC, la guerra con el ELN

Entendimiento en La Habana: Factores del éxito de la paz con las FARC en 2016

Otro escenario espaciotemporal que permite una comparación directa entre procesos de paz con grupos guerrilleros en Colombia vino dos décadas más tarde con los procesos de paz de La Habana, donde tanto las FARC como el ELN se sentaron en la mesa de negociación con el gobierno Santos para tratar de alcanzar un acuerdo de paz duradero. Sin embargo, de nuevo, las trayectorias de cada grupo fueron muy distintas, al conseguirse un acuerdo de paz histórico con las FARC; pero, al mismo tiempo, fracasando el intento de alcanzar una paz con el ELN.

Es decir, se dieron dos procesos de paz simultáneos, uno llevando al éxito del proceso y el otro acabando en un fracaso. Por tanto, esta realidad simultánea de procesos de paz con el ELN y las FARC permite una comparación directa de los factores de éxito y fracaso. Mientras que se han escrito muchos textos sobre ello (véase capítulo 1), la idea principal es ir más allá de los procesos de La Habana y conectar con los debates anteriores sobre el momento constitucional hacia 1991 –el otro gran momento que permitió una comparación directa entre grupos al darse resultado muy opuestos en términos de paz con cada uno de los grupos.

Es importante mencionar que entre 1991 y 2011, habían pasado dos décadas en las que, en la primera década, las FARC crecieron de manera notable y adoptaron una posición de ofensiva; pero, en la segunda década, recibieron duros golpes militares y pasaron a una defensiva y estrategia de resistencia. El proceso de paz que se dio en el Caguán, como ha sido mencionado arriba fue un proceso de paz que más bien hace pensar de una pausa técnica más que una intención y una voluntad de paz real. Los eventos que se dieron en la matanza de lideres de la UP, así como el recrudecimiento de las ofensivas de las FARC pesaban a la hora de construir una confianza mínima entre las partes.

Para el ELN, por su parte, al ser un grupo mucho menor en su peso militar y encontrarse ya en declive en los años 90, la estrategia de resistencia vino mucho antes. El ELN alcanzó una serie de acuerdos parciales, especialmente durante la etapa del gobierno Samper; pero la realidad de que estos acuerdos fueran tan limitados son indicadores de que había una falta de intención real de paz por las partes. Por tanto, hubo dos décadas en las que no se dieron procesos de paz que se enfocaran en la resolución integral del conflicto y, más bien, se dio un recrudecimiento de la guerra en un marco donde también se hicieron muy fuertes los grupos paramilitares.

En definitiva, especialmente a partir del apoyo militar estadounidense hacia el gobierno Uribe y una política de mano dura en la lucha contrainsurgente, ambos grupos –el ELN y las FARC se vieron fuertemente golpeados– y pasaron a una estrategia de supervivencia y resistencia. Esto produjo una situación paradójica: las victorias militares del gobierno llevaron a un fuerte aislamiento de las FARC y el ELN que, por ejemplo, no permitieron que estos grupos se contagiaran de los cambios y transformaciones conceptuales que se estaban dando en el mundo y que podrían haber abierto un espacio de reflexiones que posiblemente hubieran llevado a posturas más favorables a la paz.

Del mismo modo, entrar en una dinámica de derrotas militares y de resistencia llevó a que, tanto las FARC como el ELN, vieran limitada su capacidad de reunir a los líderes regionales y de llevar a cabo procesos de coordinación para cambios de posturas sobre aspectos como los requisitos para la paz. Desplazados cada vez más a zonas remotas, las victorias parciales del ejército y el paramilitarismo en contra de las FARC y el ELN vieron como consecuencia una menor coherencia interna que, por ejemplo, más tarde llevaría a fracturas internas en las FARC entre Timochenko e Iván Márquez.

Por tanto, la situación de desplazamiento y las dinámicas de supervivencia en zonas remotas llevaron a un aislamiento intelectual que no permitieron a las FARC y el ELN llevar a cabo transformaciones intelectuales acorde con los tiempos y los profundos cambios sociales que se estaban dando en el mundo. Es así como "en La Habana, [los miembros del Estado Mayor designados] estuvieron más de cuatro años, más de cinco años fuera del país y fuera del monte. Eso tiene unos impactos directos en cómo se lee políticamente el país (PK, 2022)".

En este sentido, los procesos de paz de La Habana abrieron la posibilidad para el liderazgo de las FARC y el ELN a la hora de actualizarse intelectualmente con el mundo; una realidad que fue favorecida también por la presencia de numerosos actores internacionales que participaron en calidad de mediadores:

> Ellos (las FARC) llegaron en el 2011 a La Habana. Esos cinco años les permitió a ellos acceder a informaciones que, en alto grado, los transformaron intelectualmente. Su sensibilidad cambió. Yo creo que ellos mismos empezaron a comportarse entre sí mismos y con los demás que los visitaban o visitamos, de una manera asombrada del desarrollo de cuánto había cambiado el mundo mientras ellos estuvieron en una suerte de extrañamiento solitario en el monte. (QJ, 2022)

Inicialmente se barajaron numerosas opciones para el formato que podrían tener las negociaciones, así como el lugar de celebración. Incluso se planteó la opción de realizarlo en Colombia, pero pesaban factores como la experiencia de las UP o el fracaso de la zona de despeje que se acordó durante el proceso del Caguán. Por tanto, tal como relata uno de los negociadores más cercanos a Santos, se decidió que fuera un espacio cerrado y aislado organizado en La Habana en Cuba:

> Después [de la primera toma de contacto] vinieron otras discusiones. Bueno, muy bien, vamos a hablar, pero ¿dónde? En Colombia no se puede. Habría que hacer despejes... Entonces, ¿cómo vamos a hablar en un país tan militarizado, tan paramilitarizado? Tiene que haber un espacio. Entonces fue cuando surgió la propuesta de viajar al extranjero y que buscáramos un lugar donde pudiéramos estar tranquilos, seguros y poder tener la mínima tranquilidad para poder pensar y estudiar... Se barajó Ecuador, Brasil... en ese tiempo, en Venezuela, no era fácil el transporte. (CM, 2022)

Finalmente, se eligió Cuba. El problema de estos procesos de socialización que se dieron en La Habana entre los grupos guerrilleros, el gobierno y la comunidad internacional es que solo era un número limitado –el de los asistentes a las negociaciones– los que pasaron por esa posibilidad de intercambio y, en definitiva, por un proceso de fuerte socialización entre los actores. Es decir, el resto de las organizaciones seguían en una lógica de resistencia local y regional sin la posibilidad de entrar a espacios de socialización parecidos.

De hecho, para el guerrillero de base, este proceso se socialización con un mundo que había cambiado radicalmente solo se dio, en el caso de las

FARC, una vez que se concluyó en un proceso de paz y se pasó a la etapa de implementación y de integración de los excombatientes a la vida civil:

> Obvio, que estos camaradas de las FARC se acostumbraron muy rápido y ahora andan para arriba y para abajo en la ciudad ya aprendieron a usar cubiertos… Todos fueron cogiendo gustos gourmets, sí, empezaron a vestirse con sofisticación, las muchachas se volvieron modelos, diseñadoras de trajes. Los tiempos cambian súbitamente y quienes asisten a esos cambios, sea desde el sufrimiento o desde la aceptación, se acomodan, lo van aceptando. (AQ, 2022)

Los cambios conceptuales en la escala macro, son señalados por parte de numerosos ex integrantes de las FARC como aspectos clave a la hora de entender cambios de postura que facilitaron una paz con el gobierno. En casi sesenta años de historia, es inevitable que la organización se vea impactada por cambios generacionales. Así, los años previos a los procesos de paz de La Habana también coinciden con cambios generacionales importantes dentro de las estructuras de las FARC. Lo importante aquí es el nivel intelectual y como los cambios macrohistóricos tienen un impacto directo sobre los marcos conceptuales y de discusiones ideológicas y ontológicas que se dan dentro de la organización:

> Marulanda pertenecía a una generación que posiblemente ya no expresaba los nervios y los reflejos de esta contemporaneidad del siglo 21… era un hombre hecho a faenas muy diferentes de las que reclamaba este siglo 21. Había una cultura nueva, había un comportamiento, una conducta de la gente completamente modificada y los gustos, los hábitos ideológicos incluso se habían enriquecido con otros reclamos… en cierta medida, ya estaba extinguiéndose la cultura del siglo 20 y ya, en la política, no parecía tan obvio que la contradicción principal era entre burguesía y proletariado. Porque la época, con sus diversidades, con el desarrollo de la tecnología estaba determinando otras inclinaciones de la gente. Por ejemplo, el crecimiento de las preocupaciones por la ecología, por la diversidad sexual, por las minorías étnicas. (AQ, 2022)

Así La Habana permitió la socialización de las guerrillas de las FARC con nuevas demandas sociales como la igualdad de género, que acabó siendo un aspecto fundamental en los cambios conceptuales que se dieron dentro del Estado Mayor de las FARC. Así, las negociaciones de La Habana con las FARC vieron una fuerte presencia de debates sobre igualdad de género. Esto cambió el tipo de debate que se dieron y permitió ampliar la vista de las propias FARC como una institución que había luchado bajo la bandera de la justicia social, pero, en definitiva, había sido cómplice de las estructuras del patriarcado.

Estos debates sobre igualdad, entonces, entran de lleno en las discusiones y conectan con una variedad de nuevas sensibilidades globales sobre lo que se considera socialmente justo y las desigualdades que ahora quieren combatirse por parte de organizaciones de una sociedad civil cada vez más cosmopolita y globalizada:

> En el punto de quiebre de la negociación real fue el año de febrero 2015. Por primera vez, nos invitan a nosotras, pues a mí me invitan, invitaron a diez mujeres por primera vez a un pleno que le llamaron ellos de la Dirección Nacional de las FARC. Yo creo que realmente fue muy positivo para la comandancia de las FARC. Realmente fue una oportunidad importante de un revisado de todas esas realidades del pensamiento y de las luchas sociales del pensamiento social. Porque nosotras estuvimos de manera permanente, todos los días, hacíamos intercambio conversatorios discusiones, iba gente y con esa gente hablábamos preguntándole tantas cosas, precisamente por eso yo me meto en el tema de mujeres porque yo empecé a indagar profundamente de cómo era la situación para incorporar a las mujeres en un acuerdo de paz. Hacer la incorporación del enfoque de género era un asunto que no es únicamente hacer la incorporación, eso implica un tema de discutir una serie de aspectos incluso de la vida misma de las mujeres guerrilleras. Nosotras tuvimos una gran ventaja y fue contar con el movimiento internacional, digámoslo así, con la comunidad internacional, con el Movimiento Internacional de Mujeres y resulta que se hizo sin que nosotras nos lo propusiéramos sí, porque nosotras tampoco teníamos tanto alcance, pero cuando nosotras salimos con la experiencia, empieza una opinión internacional muy fuerte a favor de la Subcomisión [de Género]. (NM, 2022)

De hecho, los cambios en la dinámica que vinieron de la mano de la subcomisión de género cobraron vida propia y se puede afirmar que los debates sobre igualdad crearon estructuras paralelas de negociación directa con el gobierno, imponiéndose a los debates más "antiguos" y menos "novedosos" que se estaban planteando por un Estado Mayor fuertemente marcado por una normatividad masculina. Los debates de género, enmarcados en un movimiento global feminista, transformaron las dinámicas de La Habana y, en cierta medida, confrontaban a las FARC y su Estado Mayor con una realidad innegable de que habían sido parte de un problema social global, de unas estructuras de discriminación global.

El grado de influencia de la subcomisión de género llegó a ser tan alto que las mujeres que pertenecían a esta subcomisión entre gobierno y guerrilla comenzaron a negociar numerosos aspectos sin consultar ni depender de las negociaciones que se estaban dando en otras subcomisiones:

> Nos reuníamos… con la con la contraparte con el gobierno y ellos regularmente nos llevaban propuestas, era como un tiro y afloje de lo que nosotras planteábamos y ponían contrapropuesta a partir de las propuestas nuestras, pero ahí empezó como un proceso de negociación… De hecho, nosotras no les preguntamos, ni les consultamos, ni les mostramos [al resto de la comandancia de las FARC] hasta el último momento que ya teníamos consensuado con el gobierno, con las mujeres del gobierno. (NM, 2022)

Los cambios generacionales son destacados por casi todas las personas entrevistadas como realmente fundamentales a la hora de cambiar las posturas de las FARC. De hecho, más que verlo como una cuestión de nuevos temas y nuevas agendas que surgen dentro de las organizaciones guerrilleras, lo primero que cambia son las personas concretas que lideran.

Así el liderazgo de las FARC permanece relativamente cerrado durante décadas en torno a figuras clave como Manuel Marulanda. Esto cambia y hacia 2010 muchos de los antiguos líderes de las FARC o han muerto en combate o comienzan a morir por muerte natural. Esto obviamente provoca una serie de cambios generacionales conectados directamente con los cambios en el liderazgo y el tipo de nuevos perfiles que ascienden en la cadena de mando:

> Yo les pondría el nombre propio a esos relevos generacionales y yo sé que cuando hablo con mis amigos de las FARC, a veces se ponen un poco molestos porque para ellos la figura Manuel Marulanda es una especie de Dios… La muerte de Marulanda y la llegada de Alfonso Cano es un primer momento de, digamos, relevos generacionales no solamente por la edad, sino también por la visión, la cosmovisión de los dos. Cano era una persona política… Con la muerte de Marulanda pues ya la mirada es mucho más política, ya cambia, al contrario. Cano fue el que entendió que los esfuerzos políticos solamente lo habían logrado equiparar al Estado y todo eso esos delirios de beligerancia, ningún país del mundo lo reconoció. (RI, 2022)

En definitiva, en la escala de la traducción de cambios globales a los cambios de posturas de los grupos guerrilleros, el peso de líderes individuales –su continuidad o su relevo– fueron un factor muy importante, al menos, a la hora de definir la posibilidad de que se dieran nuevos debates sobre la razón de ser de la guerrilla en un mundo que había cambiado radicalmente desde la fundación de las FARC y el ELN en los años 60.

También es importante señalar la importancia de líderes internacionales que pudieron cambiar la narrativa general de cómo afrontar discusiones con actores del comunismo. Así, por ejemplo, una política de acercamiento con Cuba durante la etapa de la presidencia de Barack Obama facilitó una mayor sinergia conceptual entre actores que supuestamente se consideraban enemigos sistémicos.

Debe destacarse la presencia de mediadores clave que pudieron aportar importantes visiones sobre cómo moldear los debates conceptuales de manera que llegaran a una mayor probabilidad de simbiosis entre objetivos internacionales, nacionales y locales. Varios negociadores destacan el rol del llamado "grupo de Nueva York", un grupo informal de expertos que gestionaron cuestiones estratégicas al más alto nivel, tratando de hacer que el proceso de paz de Colombia conllevara a un encaje profundo y duradero en las redes de la economía y lo política global (WD, 2022).

Sin embargo, el nivel macro no puede ser suficiente a la hora de explicar la diferencia en los procesos con las FARC y el ELN; pues supuestamente los cambios generacionales estaban comenzando a llegar para ambas organizaciones. Entonces, sería más congruente pensar que estos cambios generacionales actúan como una mayor posibilidad y voluntad de paz, tal como puede verse al acceder ambas organizaciones a un proceso de paz.

Pero, en tal caso, no se debería confundir la voluntad de paz con una paz práctica. Es decir, los factores macro pueden ser un componente clave para poder iniciar un proceso de paz y actúan como un factor clave para generar un ambiente de cambio, pero no puede hablarse de un factor estrictamente determinante pues es preciso incorporar visiones meso y micro para ganar una perspectiva más amplia para explicar por qué, si se partía de situaciones macro parecidas tanto para las negociaciones con las FARC y el ELN, la primera organización llegó a un acuerdo de paz exitoso, mientras que la segunda fracasó en la paz y, durante el gobierno Duque, volvió a una confrontación directa con el gobierno. Por tanto, los cambios generacionales pueden ser vistos como un factor necesario, pero no suficiente a la hora de explicar los resultados radicalmente opuestos de las negociaciones que se plantearon con las FARC y el ELN.

A nivel meso, un argumento habitual suele ser que una de las razones por las que se volvió cada vez difícil resolver el conflicto interno de Colombia tenía que ver con la creciente importancia del narcotráfico, llegando a infiltrarse en diferentes actores del conflicto. De esta forma, puede establecerse que el narcotráfico, una vez que se infiltró en algunos de los grupos armados de Colombia produjo fuertes presiones para los otros grupos, pues, para seguir siendo competitivos en su guerra, tenían que entrar en lógicas parecidas de financiación ilegal para poder seguir manteniendo su lucha contra una variedad de actores armados –incluidos los grupos paramilitares– que también estaban entrando en una lógica de financiación de sus guerras a través de negocios ilícitos de fuerte rentabilidad económica.

Sin embargo, ligar la extrema duración del conflicto a la influencia del narcotráfico parece erróneo y sería problemático desde diferentes puntos de vista. Primero, el conflicto con las guerrillas comunistas ya había comenzado en los 60 por lo que sería viable argumentar que la larga duración tiene otros factores de base y que, en cualquier caso, la presencia del narcotráfico podía actuar como agravante de la situación, pero no como la causa principal.

Tampoco, entonces, si seguimos esta lógica de que los actores ya no actuaban por convencimiento si no por los incentivos de las economías ilícitas no sería congruente explicar que el 95 por cien de las FARC se desarmaran y sólo grupos granulares y unos pocos frentes mantuvieron la guerra con el Estado en forma de disidencias. Tercero, podría argumentarse que justamente fueron las disidencias las facciones que se alimentaban del narcotráfico y de la economía ilícita. Sin embargo, es sorprendente que nunca se aportan evidencias cuando se presenta este argumento y, al contrario, no hay ningún tipo de relación entre el nivel de penetración del narcotráfico en cada frente de las FARC y la realidad final si el frente en cuestión se quedaba en la disidencia o firmaba la paz. Es decir, de nuevo pesaban los factores políticos.

Según negociadores del más alto nivel del gobierno Santos no es posible ver el narcotráfico como el factor determinante y durante todos los años que negociaron siempre eran cuestiones más políticas. El narcotráfico ciertamente agravaba la situación sobre el terreno, pero para los frentes de las FARC que operaban en él había una idea clara que el narcotráfico era un instrumento y siempre subordinado a los objetivos reales, de índole más política. De hecho, algunos expertos señalan un efecto a la inversa, donde la gravedad del narcotráfico daba incentivos a ciertos actores a decidir que había que acabar con la guerra pues ya se habían perdido de vista los objetivos iniciales en un clima de constante violencia:

KILIAN WIRTHWEIN

Cuando empezó a suceder fue con el narcotráfico, un golpe, un dolor, hoy todavía insuperable porque vieron los cuerpos descomponerse, comidos por animales sin poder irlos a rescatar porque era absolutamente prohibido. Eso también favorece que la gente diga un sí. Que le diga a esa estructura, hay que cambiar porque eso no puede suceder. (GT, 2022)

Es más, otra razón más para desconfiar del peso del narcotráfico en la continuación de la guerra es que, aunque hubiera actores individuales dentro de las FARC que se beneficiaban personalmente de esta práctica, la inmensa mayoría se encontraba al margen de estas operaciones de economía ilícita. Más bien, era una situación en la que las redes criminales se beneficiaban del clima de caos y miseria que generaba la guerra entre Ejército, guerrillas y grupos paramilitares. Es decir, las bandas y las redes criminales del narcotráfico bebían de la guerra, aprovechándose de la situación de inestabilidad y de presencia diferencial del Estado.

Por tanto, ni los factores macro ni los factores meso señalados arriba son suficientes para explicar los cambios de postura tan profundos que se dieron en las FARC, pasando de una guerra de resistencia a una postura de paz que culminó en los acuerdos con el gobierno Santos inclusive después de un referéndum fallido.

Es decir, los factores macro y meso pueden cambiar el ecosistema o marco en el que se daban los debates sobre paz y guerra dentro de las organizaciones guerrilleras, pero no son una causa definitiva sobre la decisión final de apoyar o negarse a hacer la paz con el estado. Entonces, es de especial relevancia enfocarse en factores micro para encontrar factores decisivos. Eso sí, dichos factores micro deben analizarse desde su interconexión y confluencia con factores macros y meso.

A nivel micro, cabe destacarse que el tipo de *liderazgo* importa. Esto conecta con los cambios conceptuales macro que se dieron en un proceso de cambios generacionales. Lo que es interesante analizar en este punto, sin embargo, es que cada personalidad responde de manera diferente a dichos cambios. Algunos líderes se muestras predispuestos a buscar la paz, mientras que otros pueden ofrecer resistencia a dichos cambios o incluso promover posiciones reaccionarias y altamente contrarias a una paz real.

En ese sentido, los mecanismos por los cuales se elegía la sucesión en el liderazgo de las FARC tuvieron una fuerte influencia sobre la posibilidad que se diera la paz. En las FARC, la sucesión estaba claramente definida: había un listado claro de quiénes eran los sucesores en caso de muerte del líder. Así, cuando Alfonso Cano es asesinado, el reglamento de las FARC no permitía debates sobre la sucesión y, desde un primer momento, estaba claro que el nuevo rol de líder recaía sobre Timochenko como número dos de las estructuras orgánicas de las FARC.

Justamente es interesante analizar que Timochenko, como número dos, era muy propenso a la paz, mientras que Iván Márquez, el número tres en la lista, era muy reacio a confiar en las promesas del gobierno y, aunque finalmente, acatara las ordenes de firmar la paz con el gobierno, complicó el proceso de manera muy significativa y, eventualmente, incluso se salió del marco de la paz y pasó a formar parte de las disidencias. Es, por tanto, realista asumir que las posibilidades de la paz con las FARC hubieran sido muy limitadas bajo un hipotético liderazgo de Iván Márquez:

> El número tres era Iván Márquez. Si el número dos hubiera sido Iván Márquez, no hubiera habido paz, era un ultra radical militarista, pero el número dos era Timochenko y, en La Habana, los conflictos entre Timochenko e Iván Márquez eran terribles. Muy buena parte de la duración de la negociación, casi cuatro años, era la construcción de consensos entre Timochenko e Iván Márquez. (BS, 2022)

Es decir, el liderazgo y las visiones de paz por parte de Timochenko, que decidió seguir por la línea de negociación que ya había comenzado bajo el mandato de Alfonso Cano, fueron clave para garantizar un apoyo continuo a los esfuerzos de seguir con las negociaciones de paz con el gobierno colombiano y fue también crucial a la hora de persistir en la agenda y la postura clara a favor de la consolidación del proceso de paz en los momentos más críticos y de oposición interna por parte de otros miembros del Estado Mayor de las FARC, tales como el propio Iván Márquez que en numerosas ocasiones hizo peligrar la continuidad del proceso.

En numerosas ocasiones se dieron discusiones directas entre las posturas más "blandas" de Timochenko y las posturas más "duras" de Iván Márquez. Pero la inmensa mayoría de los líderes siguieron la línea de Timochenko y otros comandantes como Pablo Catatumbo que se posicionaron a favor de la paz con pocas fisuras.

Siendo un factor micro que también desdice el debate sobre el narcotráfico presentado arriba, así como el de los cambios generacionales que se dan a lo largo de los años, es muy importante señalar que, a pesar de todo, los principios básicos, es decir, las banderas de la organización permanecen intactas en el tiempo, incluso casi seis décadas más tarde desde la fundación de las FARC como guerrilla. Así, la cuestión del *reparto de la tierra* nunca pierde peso y persiste como elemento principal para poder hablar de una paz integral:

> … hay algo que no cambia nunca y es que sigue siendo vigente, incluso en medio de los cambios culturales que se dan de 2010 en adelante, y es el tema de la tierra … ese no ha cambiado … puede haber matices de diferencia en el resto de los problemas, pero ese tema de la tierra no ha cambiado." (AQ, 2022)

Así una de las claves principales por parte de las posturas del gobierno fue justamente entender el valor simbólico y metafísico de la tierra para las FARC. Esto fue un factor fundamental para el éxito de un proceso de paz en el que Santos justamente accedió a incluir la cuestión de la tierra como el punto 1 del acuerdo. Un debate relacionado de interés es ver si en realidad se trataba de realmente llegar a una reforma rural integral o si se trataba más bien, en una sociedad ya urbanizada como Colombia, de rendir homenaje, al menos a nivel simbólico, a una de las posturas y demandas históricas de las FARC.

En cualquier caso, independiente del valor práctico o simbólico de esta decisión de incluir la reforma rural como el punto 1 del acuerdo de paz, hacerlo así era una forma efectiva de mostrar respeto a las posiciones conceptuales y programáticas de las FARC y ofrecer un camino para que las propias FARC pudieran autojustificar el término de la guerra. Pues, se podría argumentar que, de esta manera, la razón de existencia de las FARC se podía ver como completado o, al menos, hubo una mayor predisposición por parte de los miembros de las FARC a la hora de ver su tarea, su objetivo vital en el mundo como alcanzado y cumplido, pues la visión generalizada, en las palabras de uno de los dirigentes históricos de las FARC: "queremos que este alzamiento armado no sea en vano" (CM, 2022).

Por tanto, aceptar la bandera principal de las FARC, facilitó mayor suavidad de sus representantes a la hora de no buscar un programa de máximos en otros de sus idearios más abstractos. Así, los miembros del Estado Mayor tuvieron mayores incentivos a la hora de aceptar una agenda más limitada y aceptable para el gobierno:

> [Llegamos a aceptar]una mínima plataforma. No al programa máximo. No, no vamos a negociar el socialismo, que puede ser una aspiración de nosotros, pero entendemos que en una mesa eso no se puede resolver. (CM, 2022)

Por tanto, se podría argumentar que una de las claves del éxito del proceso de paz con las FARC en La Habana fue la capacidad de enfocarse en cuestiones concretas y no perderse en debates conceptuales sobre el sistema político que necesitaba el país. Con la reforma agraria como primer punto, se reconoció el valor de la fibra más sensible de la organización. Un reconocimiento que hizo posible y aceptable el cambio de una narrativa de guerra a una narrativa de triunfo de las FARC en su objetivo primordial.

Esto permite concluir que una de las claves del proceso fue proveerle a las FARC un marco en el que, internamente, podían defender una postura de triunfos y, por tanto, de necesidad de apoyar la paz, ya que habían conseguido su objetivo principal como guerrilla. Es curioso señalar que la reforma agraria, hasta la actualidad no ha sido implementada y la falta de implementación tampoco ha generado una vuelta generalizada a las armas.

Es decir, hay indicios para pensar que, especialmente en el nuevo contexto mucho más urbano de Colombia, lo que el grupo necesitaba era una vía de escape simbólica para poder racionalizar la dejación de armas, más que una implementación real de una reforma agraria. Por supuesto, este argumento es parcial y entre las personas que han decidido seguir viviendo en zonas rurales tras el fin de las FARC la cuestión de la falta de implementación de la reforma agraria ha generado nuevos resentimientos, pero, todo parece indicar que no los resentimientos suficientes como para justificar de nuevo una lucha armada.

Ahí de nuevo, entran en juego las cuestiones más macro de los cambios generacionales. Al poco tiempo de dejar las armas e integrarse a los cambios sociales que habían sido impulsado internacionalmente los excombatientes habían adoptado nuevas costumbres y se habían acomodado bajo las ventajas de una vida lejos de la guerra y la violencia armada.

De alguna manera, la nueva realidad se les cayó encima, cambiando sus visiones conceptuales para siempre y conectando con un mundo cuyas injusticias y movimientos de resistencia ya no conectaban con el marco y el ideario de la guerra fría. Es decir, hubo una especie de "efecto de socialización" repentina, una actualización conceptual parecida a la que habían experimentado los líderes de las guerrillas anteriormente durante las negociaciones de La Habana. Así, la paz generó para muchas familias de excombatientes un punto de no retorno.

Por otro lado, es posible argumentar que el gobierno no tuvo otra opción que aceptar ciertos triunfos de las FARC en un contexto donde nunca había logrado derrotarlas y, a pesar de las victorias militares parciales que alcanzó en la primera década del nuevo milenio, no estaba a la vista en ningún momento la opción de ganarle militarmente a unas guerrillas que se mostraban resilientes a cualquier intento de terminar con ellas por la vía bélica.

El gobierno, entonces, tuvo que aceptar la vía negociada como única opción y para poder tener posibilidades de éxito, tenía que ser franco con la situación sobre el terreno y ceder en aspectos clave que le permitieran a las FARC poder hablar de un triunfo:

> Ninguna guerrilla llegó a ser opción de toma de poder militar. Sí, pero sí llegaron a tener una acumulación y una presencia revolucionaria significativa. Las FARC no fue derrotada... Después con el Plan Colombia y los gritos, meten plata y fortalecen... sobre todo los ataques aéreos, masifican la contrainsurgencia todo eso, militarmente. Sí, pero no fue un aniquilamiento de la guerrilla... 13,000 combatientes, con 60 frentes, con milicias, con todo eso, pero estaban apurados. Sí estaban apurados. Estaban habían perdido iniciativa militar. (IR, 2022)

Esta situación en la que el gobierno no era capaz de ganar por la vía militar significaba que cualquier negociación de paz debía poder percibirse como un triunfo, al menos parcial, por ambas partes. En este sentido, lo mínimo era reconocer la bandera principal de la guerrilla en cuestión y rendirle homenaje para facilitar un acuerdo y una legitimidad amplios para que el acuerdo saliera adelante. Este es quizás uno de los aprendizajes más importantes del éxito en los procesos de paz con el M19 y el EPL a comienzos de los años 90, por un lado, y el éxito de la paz con las FARC en 2016: en todos estos procesos el gobierno logró dar prominencia a la bandera principal que pedía cada grupo: la reforma democrática para el M19, el proceso constituyente para el EPL y la reforma agraria para las FARC. El alto valor simbólico de reconocer la demanda principal del adversario, por tanto, es el primer paso para un proceso de paz creíble y con expectativas de un éxito real. Sin este paso, la paz no es realista.

Por tanto, hablar de que las FARC negociaron la paz en 2016 por haber sido desplazadas militarmente no tiene demasiado sentido en un contexto de alta capacidad de resistencia y supervivencia en zonas más remotas del país. Es muy improbable, sobre todo teniendo en cuenta la facilidad que ofrece la geografía colombiana para las redes clandestinas en zonas remotas como las montañas o la selva, que el gobierno pudiera haber ganado la guerra de manera completa en algún momento. Más que un cansancio militar, lo que pesaba en las FARC era un *cansancio moral* por su creciente desconexión con una sociedad civil que había sido impactada por las transformaciones del mundo:

> Cuando uno mira y cada vez estábamos más lejos de la población, de guerrilla para una organización armada, sí, pues la población es todo, son los ojos, son la luz, son todos, son todo y cada vez más lejos, más lejos porque el ejército pues sí, o sea, nosotros la verdad pudimos haber durado 50 años más escuchando tiros y jodiendo todavía, pero no íbamos a ganar y el Estado no nos iba a vencer entonces, iba a ser un movimiento de sangre. (JQ, 2022)

Sin embargo, muchos de los factores anteriores no logran explicar por qué la paz con las FARC fue exitosa mientras que la paz con el ELN fracasó. Ambos grupos estaban siendo sacudido por los mismos procesos globales de transformación y cambios generacionales. Ambos grupos sufrieron los mismos cambios en las actitudes de la población civil; niveles parecidos de derrotas militares parciales y de lucha de resistencia; una situación de violencia agravada por la presencia de las redes del narcotráfico.

Mientras que estos últimos factores determinaban el marco y las posibilidades de la paz, la paz no era definitiva incluso si el nuevo ecosistema político del país era más favorable para un cambio a favor de la paz. En este sentido, es más probable que factores micro –dinámicas, procedimientos, modelos de negociación concretos– tuvieran el mayor peso a la hora de traducir una posibilidad de paz en una realidad de paz.

Es decir, tanto las FARC como el ELN estuvieron en una situación donde la paz era viable en caso de que se planteara un proceso y acuerdo que fuera visto como beneficiosos por ambas partes y, por tanto, sirvieran para sellar un proceso de paz de manera exitosa tras décadas de conflicto abierto. El propio modelo de negociación, entonces, que favorecía y priorizaba la paz con las FARC, supuso que el ELN no viera con buenos ojos la voluntad real del gobierno de hacer una paz sustancial con el ELN.

Hacia una paz incompleta: Factores del fracaso de la paz con el ELN y la convulsa implementación de los acuerdos con las FARC

Para explicar la persistencia del conflicto armado en Colombia, hay que señalar, en primer lugar, que ninguno de los acuerdos de paz que se dieron pueden considerarse perfectos. Así puede hablarse de mayor y menor éxito, pero, especialmente si se adoptan visiones de paz positiva, los distintos procesos de paz dieron soluciones imperfectas. Incluso en términos de paz negativa, es decir, medir la paz simplemente con la ausencia de la violencia, tampoco se puede hablar de un éxito general. Más bien, es una cuestión de grado y hubo procesos más completos y otros que fracasaron en su totalidad.

Para explicar esta profunda persistencia de las dinámicas conflictivas y las disputas ideológicas es necesario reconocer que los conflictos, especialmente los conflictos armados, siempre dejan una huella profunda. Así, la experiencia traumática de la guerra y la violencia cambian a los individuos que la sufren para siempre. Por tanto, incluso si se dan los cambios generacionales que han sido discutidos ampliamente arriba, siempre quedan legados y sedimentos entre las personas que alguna vez fueron combatientes o lo siguen siendo. Un entrevistado anónimo argumenta:

> Queda un sedimento, ya un sedimento inextinguible en la gente. Yo fui comunista algún día. La gente no cambia del todo. Y yo creo que a eso se debe por ejemplo que el Partido Comunista en Rusia tenga tanta vitalidad e influencia todavía en la gente... Es orgánico. Uno no sabe con precisión, en qué momento terminó un ciclo de su vida y en qué momento empezó otro. (AQ, 2022)

De la misma manera, es difícil definir categorías estrictas a partir de las cuales realmente se puede comenzar a hablar de una paz real. Es interesante analizar que parte de las razones es que también, a pesar de que se dejen las armas de manera formal, las narrativas, las ideas y los pensamientos suelen tener una base mucho más duradera: es decir, una dejación de armas no conlleva necesariamente a una dejación de ideas y, más bien al contrario, las nuevas ideas que surgen una vez en la paz representan una transformación conceptual que toma como punto de partida el estado ideológico anterior, dejando un legado profundo en el pensamiento de las personas excombatientes.

En el caso de un proceso de paz fallido, hay una lógica relacionada en cuanto a huellas permanentes que perduran a nivel conceptual. Un proceso de paz fallido –tales como el proceso de paz con la UP o el proceso de paz del Caguán– representan una realidad especialmente problemática a través de la cual la desconfianza será mayor una vez que se plantee un nuevo proceso de paz en el futuro.

Es decir, los procesos de paz fallidos pesan dentro de las organizaciones que, a raíz de estas experiencias negativas, presentan mayores obstáculos a la hora de pensar que una paz es realmente posible. Para el ELN, de hecho, todos los procesos de paz con el estado han sido altamente problemáticos e inherentemente frágiles. Por lo tanto, esta serie de fracasos de negociación continuados ya de entrada suponen una barrera muy alta para alcanzar, al menos, niveles mínimos de confianza.

Volviendo a la cuestión de los cambios generacionales, sí es importante señalar que, aunque los hubo, en el caso del ELN estos cambios se dieron de manera mucho menos abrupta que en las FARC por lo que a la hora de comenzarse las negociaciones paralelas en La Habana, las FARC se encontraban en otro tipo de debates y cambios internos que el ELN. Se puede sostener que los cambios en el liderazgo guerrillero, en torno a los meses del comienzo de las negociaciones de La Habana, fueron mucho más pronunciados en el caso de las FARC que en el caso del ELN donde "su vieja dirección se mantiene, o sea, se han muerto algunos de muerte natural y han subido otros, pero el pequeño núcleo se mantiene" (DY, 2022).

Así puede sostenerse que para el ELN –en comparación con el caso de las FARC– "el cambio de generación no ha sido tan abrupto" (MN, 2022). Por tanto, era más difícil que la socialización con actores internacionales en La Habana impulsara un cambio repentino en las posturas del ELN, mientras que para las FARC las condiciones de cambio hacia la paz eran más favorables.

Sin embargo, aunque las generaciones cambien, también hay que tener en cuenta el legado que es traspasado de generación en generación. Es decir, aunque cambien las personas y los dirigentes a lo largo del tiempo, ciertos fundamentos permanecen intactos. De esta manera, tampoco deben analizarse los cambios generacionales como una situación en la que se comience desde cero.

Más bien, los cambios se dan desde un punto de partida fuertemente arraigado y dentro de unas estructuras relativamente sólidas. Así, los cambios generacionales en todas las organizaciones se dan de manera orgánica, en una especie de dialéctica entre lo antiguo y lo nuevo, por lo que hablando de un proceso híbrido y cuyas consecuencias no son deterministas por lo que los resultados no son predeterminados. Así, es muy importante tener en cuenta la cultura que marca a una sociedad, dentro y fuera de las estructuras guerrilleras en cuestión. Es un elemento importante a la hora de marcar barreras para la posibilidad de cambios disruptivos. Un excomandante de las FARC argumenta:

> La cultura tiene más fuerza para mover a las masas, para mover a la gente que la base económica. Usted puede estar en la miseria, pero usted se aferra a la idea de Dios. Entonces la cultura... hay que reva-

luar ese concepto, darle la importancia que tiene la cultura, [muchas] guerras se han hecho por la cultura. (CM, 2022)

Entonces, uno de los fallos fundamentales que han llevado, en parte, a que las negociaciones con el ELN fracasaran era justamente la incapacidad de tener en cuenta las culturas que caracterizaban a cada organización guerrillera. De este modo, por ejemplo, como ya ha sido discutido, cada guerrilla había desarrollado con los años una cultura ideológica y una cultura operativa diferente y que marcaban el día a día. Por tanto, el problema de las negociaciones con el ELN, por ejemplo, ha estado marcado por una falta de entendimiento notable sobre la cultura de esta organización según varios de los expertos consultados.

A. *Por qué fracasa la paz con el ELN*

Uno de los argumentos más comunes por parte de la literatura a la hora de explicar la falta de entendimiento con el ELN, en diferentes intentos de procesos de paz que se han dado a lo largo de los años, es recurrir a la estructura supuestamente federada del ELN. Es decir, el argumentario suele señalar que el ELN ha tenido una tradición mucho más descentralizada que las FARC y, por tanto, es más difícil mantener un nivel de coherencia interno suficientemente alto para imponer un viraje claro hacia la paz. Es decir, se argumenta que, por un lado, es mucho más difícil que los mecanismos internos puedan producir una posición favorable a la paz en todas las estructuras del ELN y, por otro lado, incluso si se decanta la comandancia de la organización por una paz, sería difícil implementar la postura de paz en todos los frentes regionales de la organización.

Sin embargo, esta teoría no se sostiene si tenemos en cuenta la variedad de frentes y posturas diferentes que han tenido otras organizaciones guerrilleras –incluidos el EPL que ya firmó la paz en los años 90 y las FARC que tan solo lo hicieron en 2016. Mientras que el M19 si representó una organización mucho más vertical y caudillista, hecho que era facilitado por ser una guerrilla de tamaño más pequeño, tanto el ELN como las FARC y el EPL tuvieron organizaciones con alta variedad regional, intereses locales diversos y una serie de disputas internas.

Por tanto, todo parece apuntar que el argumento de que el ELN es más federal proviene de un desconocimiento de la complejidad de todas las demás guerrillas y, también, es un argumento que corresponde a una racionalización *ex post* por el simple hecho de que parece lógico pensar que cuanto más federada una organización más difícil encontrar compromisos. Pero, en realidad, podría llegarse a argumentar que las FARC y el EPL, contando con mayor extensión, realmente tuvieron incluso etapas donde eran claramente más federadas en la práctica que el propio ELN. Un experto sobre el ELN nos comenta:

> Es un mito. En ambas organizaciones [FARC y ELN] el peso de lo regional es importante y las dinámicas regionales son importantes, o sea también en las FARC... la idea de que el Secretariado mandaba a rajatabla, eso no es cierto. Yo creo que el Secretariado tenía que consultar, dialogar, escuchar a las partes para tomar una decisión. Cuando tomaba una decisión pues la hacía aplicar... el poder del Secretariado sí era un poder mayor, pero estaba mediado también por diálogo, por consultas, por decir bueno esto se puede hacer, esto no se puede hacer. Y así también pasa en el ELN. O sea, las partes pesan, pero en ambos [grupos guerrilleros] hay una dirección responsable centralizada que dice bueno vamos a coger por acá y trazar un rumbo. Yo pienso que en el ELN es un mito que lo federal es un impedimento para la negociación. (DY, 2022)

Del mismo modo, otras voces con conocimiento interno argumentan que incluso en el supuesto de que las decisiones se tomen de manera más lenta dentro del ELN, una vez que la postura es clara a favor o en contra de la paz, la decisión se acata por toda la estructura de esta organización guerrillera. Es decir, no es cierto que el ELN sea más federal, pero, incluso si fuera más federal, la evidencia no parece dar razones para suponer que el ELN tenga una incapacidad para imponer posturas claras desde arriba y luego imponerlas al resto de la organización:

> Una cosa es digamos esa complejidad que hace que los procesos de toma de decisión sean más lentos, que sean de mayor deliberación, más deliberativos. Pero hay una cosa que, por lo menos en mi experiencia, en la historia, he visto. A pesar de que se demoren más, una vez se toman decisiones en las diversas instancias que se toman, pues hay acogida plena... Una vez en el tercer congreso se tomó la decisión de la Convención Nacional... no hubo realmente resistencias, ni discusiones, ni fisuras del ELN frente a ese tema. (RI, 2022)

En todo caso, este argumento no quiere venir a darle la razón a que el ELN sea realmente una organización más federada que las FARC; más bien, lo que viene a sostener es que, incluso si tomamos esta falsa hipótesis como cierta y partimos de la asunción (equivocada) que el ELN tiene estructuras más complejas que otras organizaciones guerrilleras, lo que muestra la evidencia es que, en cualquier caso, cuando la máxima comandancia marca un rumbo, el resto de la organización ha demostrado ser disciplinada con la imposición de estas posturas.

Por tanto, para entender las razones reales de los fracasos de paz con el ELN, hay que mirar a otros factores de mayor peso. Lo que hay que analizar no es el grado de complejidad de las estructuras pues hubo otras guerrillas con estructuras similarmente complejas, sino el grado de diferencias en las agendas programáticas y la personalidad de cada grupo a nivel ideológico.

Es decir, hay que hablar de contenido y de debates conceptuales, puesto que no es igual para los grupos y enfocarse simplemente en las estructuras de cada grupo corresponde, como señalan muchos expertos, a una falta de entendimiento profundo de las motivaciones, la cultura y las líneas rojas conceptuales para la paz que desarrolla cada guerrilla. Otra persona cercana a los procesos con el ELN nos dice:

> El ELN tiene su propia personalidad y uno de los grandes errores que se han cometido en el caso del gobierno colombiano siempre el negar esa personalidad del ELN y tratar de arrastrarlo a que se porte como el M19, a que se porte como las FARC, se porte como cualquier otra organización y cuando digo una personalidad, digo una reivindicación. El ELN en los años 80 empezó a hablar de poder popular y la consigna que utilizaba era el pueblo lo habla, el pueblo manda. Después en los años 90 es un proyecto de Convención Nacional y luego ha planteado lo de un diálogo, un gran diálogo nacional… ELN lo ha dicho, Pablo Beltrán lo decía, verdad toda, pero verdad todos. Y segundo hablemos de las causas de la guerra, no de las consecuencias. (ZA, 2022)

Por tanto, una de las primeras tareas de cualquier gobierno que quiera negociar una paz duradera con un grupo guerrillero concreto es la de tratar de entender el objetivo principal de la guerrilla en cuestión, es decir, la cuestión fundamental con la que esta guerrilla define y defiende a lo largo del tiempo su razón de ser y justificación para seguir con la acción bélica. Esto es importante pues, para que la guerra siga, cada grupo necesita una motivación ontológica ininterrumpida para poder justificar una prolongación de la lucha y los costes que vienen asociados a ella. Entender estos principios básicos suelen ser la clave para poder hablar de paz y construirla de tal manera que los grupos crean en la paz de manera profunda.

En otras palabras, se podría hablar de dos tipos de paz. La primera, menos sustancial, es más bien una imposición o una paz estratégica en la que ciertos grupos acceden a una tregua para ganar tiempo, para una ventaja estratégica o simplemente un respiro. Esta paz se puede prolongar, especialmente, si se agota o parece agotarse la vía militar.

Sin embargo, el segundo tipo pensable de paz es el de una paz profunda en la que los grupos acceden a la paz de manera permanente y convencidos de que con la paz que han acordado su objetivo como guerrilla a concluido de manera permanente. Como ha sido discutido anteriormente, para el M19, esta bandera principal era la de una reforma democrática de gran calado, para el EPL fue el término de la Constitución de 1886, y para las FARC la reforma agraria.

De nuevo, es importante reconocer que la satisfacción de dichas banderas tiene un componente práctico –la satisfacción real de las demandas– y un valor simbólico –entender la importancia de dichas demandas, darles cabida en las políticas nacionales y ponerlas en valor como un principio fundamental para resolver la guerra. Esta diferencia entre el valor práctico y el valor simbólico puede ser clave por dos motivos.

Primero, en ocasiones, como en la reforma agraria con las FARC, pesó más el simbolismo de incluir la reforma agraria como punto número 1 de los Acuerdos de La Habana que la implementación práctica. Este hecho es constatado por la voluntad de entregar las armas y de avanzar con el proceso de paz incluso cuando aún no se habían comenzado a implementar las reformas. La razón es que la reforma agraria había cobrado una especie de culto interno dentro de las FARC, desarrollando un valor metafísico y un elemento discursivo muy potente, pero, que, en una sociedad que se había urbanizado fuertemente, cada vez tenía menos peso la reforma agraria como una demanda social colectiva que fuera respaldada como prioritaria por una amplia mayoría del país.

Para el ELN, esta personalidad o bandera principal se sitúa más allá de las reformas de las reformas institucionales y económicas. También tienen peso, pero la bandera principal del ELN en sus visiones de qué paz le parece legítima y justa se refiere a su concepto de Asamblea Nacional Popular o también llamada en ocasiones con el nombre de Convención Nacional[1].

---

1. La idea de una Asamblea Popular o Convención Nacional parte desde la premisa que no es suficiente negociar la realidad del país entre élites desde las instituciones políticas del país. Al contrario, el ELN propone un diálogo social multisectorial y lo más amplio posible para organizar procesos que lleven a cambios vinculantes en la estructura socioeconómica del país.

Es decir, para el ELN, se ha desarrollado una visión de paz centrada en elementos más directos de participación ciudadana que impulsen una renovación de las políticas económicas y sociales del país. Por tanto, proponen un diálogo social amplio y la adecuación de las instituciones nacionales a estas demandas que surjan de este debate amplio que, bajo la perspectiva del ELN, no debe ser liderado por el gobierno ni por ellos mismos, sino por el mismo pueblo.

> En palabras de ellos [el ELN]: era una consulta desde lo local, con la ciudadanía, con la población. Hacen énfasis en lo popular porque han estado excluidos, y ellos dicen, le dicen al gobierno, yo no voy a negociar, cómo hacer la paz con usted… ni usted la pueden poner porque… yo no lo pinto, eso lo va a decir toda la sociedad. Eso lo va a decir la propia sociedad… Pastrana pensó que lo del ELN era alquilar un hotel caro, un hotel grande y llevar tres días, una cantidad de gente de muchas regiones y firmar ya una declaración y punto. Y después de cuatro años lo entendió… Santos a los 4 años (de negociaciones) lo entendió, que es cuando sale la agenda de Caracas claro en el 2017 y ¿cuál es el primer punto del acuerdo de paz y el que más le interesa? El punto uno: participación. El punto uno es la participación de la sociedad… la paz con ellos. ¿Cuál es el punto 2? La reforma que pidió el primer punto, las reformas que pidió la sociedad. Usted no lo dice, ni el gobierno, yo tampoco lo voy a decir las que pidan la población… Yo me callo mi boca y que los diga la población. (IR, 2022)

Muchos gobiernos han tenido dificultad para entender las consecuencias de estas demandas, interpretando que el diálogo tenía que darse principalmente con la comandancia del ELN. El problema es que la lógica de sus peticiones es justamente contraria a esta idea de negociaciones a puerta cerrada y a alto nivel. Lo que se propone es abrir el proceso de la manera más amplia posible y adoptar un modelo de diálogo abierto a la complejidad de sensibilidades sociales del país. Muchos gobiernos, incluidos el de Samper, Pastrana y Santos se demoraron años en entender la lógica y consecuencias de estas peticiones y fallaron a la hora de plantear un proceso de paz que siguiera la lógica de estas demandas.

Entonces, para el momento en el que los negociadores comenzaban a entender que la vía tradicional de negociaciones a alto nivel no era suficientes y contrarias a la bandera principal del ELN de una Asamblea Nacional Popular ya se agotaban los tiempos de la legislatura y comenzaba un nuevo gobierno con nuevas prioridades y, de nuevo, una falta de entendimiento de esta lógica. Un problema fundamental es que, al ser un proceso mucho más amplio y abierto el que se plantea, es difícil enmarcar unas negociaciones con el ELN en el margen de una sola legislatura.

También es importante señalar que el propio ELN se demoró en formular la vía exacta en la que tenía que darse el diálogo social y, de hecho, puede afirmarse que uno de los principales problemas ha sido concretar esta idea de una Asamblea Nacional Popular o una Convención Nacional y encontrar los parámetros adecuados.

Sin embargo, también podría argumentarse que esta falta de concreción podría haber sido tratada como una oportunidad en la que varias opciones pudieran haber sido viables a explorar. Es decir, la falta de concreción de su bandera principal, en realidad, podría haber significado que el gobierno tenía más capacidad de iniciativa a la hora de plantear una serie de opciones y explorar más a fondo los diferentes mecanismos concretos.

También, de nuevo, siendo similar a la importancia que tuvo para las FARC la inclusión de la reforma agraria, es pensable que también para el ELN, esta aspiración de una Convención Nacional tenía un alto grado de simbolismo. Por tanto, los diferentes gobiernos que trataron de negociar la paz perdieron oportunidades importantes al negarse a explorar demandas que contenían un alto grado de simbolismo y que a efectos prácticos no hubieran sido demasiado difíciles de conceder al bando contrario. En cualquier caso, a pesar de no haberse formulado de manera muy concreta, si han surgido pistas a lo largo de los años de las posibles opciones que pudieran considerarse viables por parte del ELN. De nuevo, una persona anónima muy cercana a las negociaciones con el ELN nos dice:

> Puede transcurrir por tres carriles ... hay un carril regional, hay un carril sectorial, y hay un carril temático ... Ahí sobre esos tres carriles se puede dar la participación, o sea, sobre el territorio sobre temas y sobre sectores. ¿Entonces, qué diferencia hay entre sectores y temas? El sector puede ser por ejemplo el mundo campesino. Tema puede ser la sostenibilidad ambiental. Después el sector pueden ser los sindicalistas o los académicos, pero yo he escuchado que el ELN tiene la formulación de que quiere discutir de todo, sobre todo y con todos. Más o menos es como la idea que tiene. (DY, 2022)

No entender entonces qué significaba una Convención Nacional o una Asamblea Nacional Popular ha sido uno de los principales obstáculos para la paz entre el ELN y el gobierno. No entender y no reconocer la bandera principal de una guerrilla, de manera lógica, lleva a un rechazo rotundo de un proceso de paz por parte de esta guerrilla puesto que esencialmente se está cerrando la puerta a que puedan dejar las armas sabiendo que han conseguido sus objetivos como organización y, por ello, pueden dejar de existir.

Es decir, incluso si es a nivel simbólico más que práctico, la bandera principal de cada guerrilla se presenta como una especie de lógica narrativa propia, adoptando dimensiones metafísicas por las cuales no importa tanto la implementación práctica, sino la capacidad colectiva de poder decir que la lucha había merecido la pena, pero, habiendo sido reconocido el objetivo de la organización, ya no tiene sentido continuar en la lucha.

Como consecuencia de esta falta de avances en el entendimiento entre el ELN y el gobierno, ha arraigado la idea de que el ELN es una especie de "vagón lento". Esta visión altamente determinista viene a argumentar que cada grupo guerrillero tiene sus tiempos y que el ELN, por definición, sería incapaz de llegar a una paz antes que los otros grupos debido a su mayor radicalidad, su falta de posturas concisas para la paz u otros factores.

De hecho, estas visiones predeterminadas incluso han tenido impacto en la manera en la que se ha negociado con el grupo y las posturas, por parte del gobierno, en el grado de confianza que tenían sus negociadores a la hora de pensar que una paz con el ELN era posible en un tiempo razonable:

> La idea de Sergio Jaramillo era la de Jesús Bejarano, antiguo negociador de paz con las FARC, profesor de la Nacional ... Jesús Bejarano hablaba del vagón más lento del tren y él decía que las negociaciones de paz si uno negocia con el vagón, incluyendo el vagón más lento del tren, la negociación se puede frustrar. (BS, 2022)

Esta lógica y visión sobre las posibilidades de una paz real con el ELN era muy común entre los negociadores y tuvo consecuencias prácticas nefastas. Además, partiendo de la premisa que el ELN fuera un vagón más lento, quizás, entonces, lo que se necesitaba era acelerar el vagón con más ímpetus a través de un buen modelo de negociación. Dejar al vagón lento fuera de un momento de impulso para la paz arriesgaba con ralentizarlo aún más.

La mayoría de los esfuerzos se estaban concentrando en las negociaciones con las FARC cuando existía una posibilidad de negociación real simultánea. Fue una decisión temprana la de tratar de centrar los recursos en avanzar en la paz con las FARC debido a su mayor peso e importancia sobre el terreno y tratar al ELN como un caso aparte, más difícil de resolver y menos prioritario:

es la trampa del reloj... el Gobierno deja plantado al ELN ocho meses y después siete meses y después lo deja plantado otros ocho meses. Es decir, se pierde casi año y medio porque el gobierno colombiano no quería... (estaban convencidos) que había que desarmar a las FARC y, por inercia, en el último vagón, vendría el ELN. (ZA, 2022)

Este tipo de consideraciones llevaron a una serie de consecuencias prácticas muy relevantes, que marcaron la manera de negociar. En vez de plantear un proceso de paz conjunto, que habría sido viable por darse en la misma ciudad y al mismo tiempo, el gobierno Santos se decantó por separar ambos procesos. También eran pensables vías intermedias como mesas de negociación separadas, pero que, como objetivo final, hubieran tratado de llevar a una firma de paz conjunta y una simbiosis de la paz con ambos grupos.

Sin embargo, la separación del proceso de paz con el ELN del proceso de paz con las FARC fue clara y contundente hasta el grado de que el presidente Santos se decantó por modelos de negociación con equipos negociadores distintos, separando las estructuras y figuras responsables de la paz con cada grupo guerrillero. A posteriori, esto ha sido señalado por uno de los negociadores principales, por parte de gobierno, del proceso de paz con las FARC como uno los errores fundamentales que se cometieron:

> Ahí el presidente Santos cometió un error a mi juicio. Creo que esto nunca lo he dicho de esta manera y es que como puso a una persona al frente de esa delegación que fue Frank Pearl dejó que se creara como un equipo por fuera en la oficina del Comisionado de Paz. Que, en parte, uno puede decir, bueno, eso resuelve parte del problema de capacidad, pero eso fue un error porque no había un conocimiento tremendo... Y, entonces, no fue por falta de asesores y de gente que eso no funcionó. Más bien la dificultad está en un nivel más estratégico de, bueno, yo creo que hubo problemas en el diseño y en lo que hicieron. Yo tuve muchas críticas a la agenda que acordaron finalmente, justamente por falta de claridad. (ST, 2023)

Es más, es curioso señalar que mientras que se separaron los procesos a la hora de las mesas y los negociadores que se dedicarían a cada proceso, esto no conllevó a una idea clara de que había que negociarse de manera distinta y sobre cuestiones muy diferentes con cada uno de los grupos, puesto que simplemente se separaron los procesos por razones prácticas y consideraciones como la anterior de que el proceso con el ELN se demoraría más tiempo.

Es decir, no se separó por un reconocimiento de que cada grupo proponía banderas principales que correspondían a otra lógica. Por tanto, puede argumentarse que se separaron los procesos por las razones equivocadas. En otras palabras, se trató al ELN y a las FARC de manera separada cuando tenía sentido tener negociaciones más congruentes y se trató al ELN y las FARC con la misma lógica en aquellas cuestiones que precisaban modelos a medida para corresponder a la bandera principal de cada guerrilla:

> hay problemas de lógica. Mientras las FARC se consideran una vanguardia que no tiene que consultarle al pueblo porque pues si yo soy la vanguardia… yo interpreto al proletariado, eso es muy leninista, el ELN anda en un plan de asambleísmo y colectividad mucho más horizontal y el M-19 quería reformar socialdemócratas a saber… había diferencias sustanciales de las diferentes guerrillas. (ZA, 2022)

B. *Porqué hay tantos problemas en implementar la paz con las FARC*

Mientras que el gobierno de Santos y las FARC llegaron a un acuerdo de paz histórico, la implementación de dicho acuerdo ha sido salpicada por una serie de obstáculos profundos. Mientras que el desarme funcionó relativamente bien, aproximadamente un 5 por ciento de las FARC han optado por no continuar en la paz, formando disidencias en diferentes puntos del territorio colombiano. Esta realidad de la presencia de disidencias, fracasos importantes como la negativa a la paz en un referéndum, la problemática trayectoria del partido Comunes en la transición de la FARC y la oposición del gobierno Duque a muchas de las premisas esenciales del acuerdo de paz de La Habana son algunos de los numerosos factores que han llevado a una paz profundamente imperfecta.

Tratando de rastrear las razones por las que el acuerdo acabó teniendo serias dificultades en su implementación, los propios integrantes de la comandancia de las FARC suelen hacer referencia a una desconexión entre lo que se estaba negociando en La Habana, en la que se comunicaron y socializaron los avances demasiado tarde y sin una transparencia que hubiera ayudado a cada frente a la hora de hacer llegar las novedades y dar tiempo para que toda la organización tuviera la capacidad de acompañar el proceso a nivel de construcción de voluntad férrea a favor de la paz en todas las estructuras:

> Yo diría hacia adelante uno podría pensar que hay algo a lo que uno debe darle mayor énfasis, que es quizás a la dimensión más emotiva, fuimos demasiado cuidadosos con lo que contamos… era muy difícil

que alguien que no estuviera en La Habana, que no hubiera sentido La Habana, pudiera bajar esto cierto. (WD, 2022)

La cuestión es que era realmente difícil, desde Cuba, que el resto de la organización estuviera a la par en términos de los cambios que se estaban negociando en el más alto nivel. Mientras, como ha sido analizado arriba extensamente, la presencia de actores internacionales ayudó a la aceleración de una actualización de la comandancia de las FARC con el mundo, el resto de la organización seguía en la realidad diaria del desplazamiento.

Es decir, los cambios conceptuales profundos que se estaban dando en La Habana, no podían ser comprendidos sobre el terreno, al menos de manera igualmente profunda e inmediata. La transmisión de la información y la socialización, por tanto, fueron un obstáculo mayor y las noticias que llegaban desde el exterior en forma de boletines informativos a los líderes regionales, tras un gran un esfuerzo de interpretación, acaban por actuar como agentes a la hora de interpretar la información que les llegaba, dando un poder grande a los mandos medios a la hora de formular la narrativa –más positiva o negativa– sobre lo que estaba pasando en Cuba:

> Nuestra gente, muchos incluso combatientes analfabetos… o con bajo nivel académico escolar, no tenían la posibilidad de comprender la totalidad. Ni siquiera los que teníamos formación universitaria porque los acuerdos no lo dicen todo en la letra. Hay detrás de los acuerdos cosas que son interpretaciones subjetivas e incluso hasta acuerdos por detrás del acuerdo… desde la dirección en cabeza del propio comandante de los FARC en ese momento, Timón Jiménez Timochenko, nos estaban llegando boletines informativos de cómo iba el estado de las conversaciones sobre ese tema y, de pronto, de un boletín informativo saltamos a la rueda de prensa. Hubo un bache, una laguna. (FU, 2022)

En este proceso, entonces, uno de los retos más relevantes es el de cómo bajar la información y crear los incentivos para que los mandos medios –tales como los líderes regionales– hicieran un trabajo a favor de la paz y no decidieran oponerla. Los mandos medios, por tanto, representan una de las figuras clave a la hora del éxito de traducir un apoyo a la paz de la comandancia y un apoyo real en toda la organización. Son así los mandos medios los garantes de que los que se decide en el alto nivel encuentra una formulación práctica y real sobre el terreno y que la voluntad colectiva a favor de la paz llegue a la totalidad de la organización:

Había mucha preocupación en los mandos medios frente a lo que iba a pasar después de la dejación de armas. De hecho, es cierto que en ese periodo ya cuando se concreta el acuerdo es que muchos deciden irse cuando se abre, incluso antes de hacer la dejación de armas porque no aceptaban entregar las armas... Sergio Jaramillo... este tipo era un estratega militar, viceministro de Defensa... La idea que ellos tenían, porque además lo plantearon, era que ellos iban como tres meses a La Habana para que el acuerdo se concretara y hubiese dejación de armas sin ningún problema, pero como nosotros, o sea, la delegación de FARC tenía una agenda mucho más amplia, entonces empezó la discusión de la agenda hasta que se concretó una agenda mínima. Luego, en la construcción del acuerdo, ellos siempre, a pesar de que ya se hizo público, siempre mantuvieron como una disposición a que los diálogos tenían que ser cerrados, es decir, que no podían ser con la participación de la sociedad civil, ni nada de esto. Entonces, esos acuerdos realmente una de sus carencias, creo yo, es justamente que es un acuerdo que no se hizo con la gente. Por ejemplo, se concretó el punto uno reforma rural integral y sí, está muy bien, es un buen punto, es un punto muy robusto, pero eso desde el primer momento no se refrendó con la gente, no se le dijo a la gente lo que se estaba haciendo. (NM, 2022)

Justamente esta falta de comunicación entre la comandancia y los mandos medios fue uno de los retos fundamentales que, además, hicieron que las negociaciones se ampliaran en el tiempo en fases posteriores cuando ya se encontraban avanzadas las formulaciones del acuerdo de paz, pero tenían que discutirse internamente en la organización. Muchos mandos medios sintieron que no habían sido consultados sobre decisiones clave en etapas anteriores y vieron el acuerdo con una serie de recelos importantes.

Lo que queda en evidencia tras los últimos años de implementación imperfecta del proceso de paz es que, según señalan antiguos dirigentes de las FARC, fue un error no diferenciar los incentivos de cada estrato de la organización; debido a las diferentes motivaciones de la comandancia, los mandos medios y la base general de la organización, se tendría que haber hecho un mayor esfuerzo a la hora de incluir cada grupo en las negociaciones en el momento y la profundidad adecuada:

Pienso que tiene que haber una política diferenciada muy inteligente para manejar los mandos medios porque son los más vulnerables siempre... Los mandos medios son un dolor de cabeza. Los de arriba están altamente politizados, los de abajo no tienen expectativas distintas de una vida en la normalidad, de una formación profesional y un empleo, pero los mandos medios son un dolor de cabeza en todos los procesos, siempre… hay que tratarlo de forma muy inteligente porque… los de arriba son A, los mandos medios son B y los de abajo son C y hay que tener un tratamiento muy selectivo con incentivos específicos entendiendo la sociología de cada sector. (BS, 2022)

Tendría que haber ido por pasos y establecer mayores canales o llevar a figuras clave de los frentes regionales, incluidos los mandos medios, a La Habana de manera puntual. Es sorprendente analizar que muchos de los líderes regionales permanecieron completamente desconectados de la toma de decisión, especialmente durante las primeras etapas del proceso, es decir, cuando realmente se definió cuál iba a ser la agenda y donde se marcaron los objetivos principales que debían negociarse.

Sorprende que las partes pensaran que llevar el proceso al más alto nivel sin ningún tipo de canales de participación directos o indirectos de los mandos medios pudiera generar un proceso de paz que más tarde pudiera ser aceptado por dichos mandos medios. Aquí, de hecho, a modo de conclusión de varias de las personas que participaron en la negociación, se encuentra uno de los fallos principales a la hora de cómo se diseñó el proceso de paz de La Habana. Especialmente, en un proceso de paz que se da en el exterior, parece lógico que deberían cuidarse aún más los canales de comunicación con el resto de la organización.

Una táctica común de negociación, que fue utilizada durante las negociaciones de La Habana fue la de dejar algunos asuntos más espinosos para más adelante con el fin de, al menos, generar una confianza inicial por ciertos acuerdos en temas menos problemáticos en los que ambas partes podían ponerse de acuerdo de manera más fácil.

Sin embargo, esta manera de actuar conlleva a una serie de problemas más adelante y puede generar graves obstáculos a la hora de comenzar la implementación de los acuerdos de paz sin haberse puesto de acuerdo en asuntos esenciales sin los cuáles la paz no es implementable sobre el terreno. Así, por ejemplo, las banderas principales deben estar presentes desde el comienzo puesto que, como ha sido discutido anteriormente, no tratar los temas principales pueden ser signos importantes de una falta de buena fe entre las partes y, en definitiva, una situación en la que las sospechas entre los bandos van en aumento conforme avanza el proceso de paz.

Justamente esta fue la sospecha que comenzó a ganar terreno durante La Habana: los temas espinosos y realmente cruciales se posponían eternamente y las promesas de tratarlos más adelante cada vez se veían más aplazadas en el tiempo. Muestra de ello es, por ejemplo, que mientras el desarme tuvo un calendario muy concreto y específico, nunca se dio tal grado de precisión para cuestiones fundamentales como la reforma agraria.

De esta manera, comenzó a implantarse una visión cada vez más crítica con las formas del proceso de paz entre varios miembros de la comandancia y numerosos mandos medios dado que crecía la sensación de que las cuestiones que realmente preocupaba a la organización guerrillera se estaban "poniendo en el freezer". Un excomandante argumenta:

> Muchos temas cuando se abordaron fueron muy problemáticos, y que incluso pusieron en riesgo la continuidad del diálogo y para que no hubiera ruptura, entonces esos temas problemáticos se dejaban para después... en la mesa se le llamó el freezer... es meter en el congelador ciertos temas en los que no acordemos, entonces bueno un tema para el freezer, dos temas para el freezer, tres y al final el freezer se llenó de temas no acordados, que son realmente importantes claro, ahí estaba la política minero-energética... El freezer nunca se reabrió porque el acuerdo era que se iban colocando ahí para no poner en riesgo la continuidad de la mesa, pero que en algún momento había que volverlo a tocar y finalmente abordarlo. Entonces cuando llegamos al cónclave que alguien dice bueno, pero revisemos el freezer, ahí tenemos tema en el congelador, pero el gobierno dijo que ya no hay tiempo. O sea, vamos a echar para atrás esos temas y quedaron por fuera y eso fue una de las razones por la que se formaron disidencias. (FU, 2022)

Otro factor importante para la implementación convulsa de los tratados de paz de La Habana con las FARC fue el cambio de gobierno que se dio. De hecho, el gobierno Duque hizo campaña abierta en contra de los tratados de paz y se posicionó como un gobierno más duro, de tradición uribista, que apostaba por una disolución de las FARC sin grandes concesiones y un sometimiento de los excombatientes ante la ley. Esta falta de voluntad de implementar los acuerdos ha llevado a una serie de problemas serios en la implementación de lo acordado.

Aunque si es verdad que el texto del acuerdo de paz representa un compromiso legal, que muchas de las provisiones ya se habían blindado durante la etapa Santos y que la comunidad internacional presionó y hasta cierto punto consiguió que el gobierno Duque no consiguiera deshacer el acuerdo de paz al completo; el gobierno Duque se dedicó durante cuatro años a buscar fórmulas para minimizar la implementación de las promesas del gobierno Santos.

Así, hay que destacar que trató de minimizar las partidas presupuestarias dedicadas a financiar la paz con las FARC. Funcionarios de la ONU dentro de la Misión de Verificación, que se había establecido para acompañar y apoyar la implementación de los acuerdos de paz, reportan justamente una falta de voluntad por parte del gobierno Duque y una política activa de limitar los presupuestos dedicados a la paz como una forma para impedir su éxito:

> Ha sido algo súper desafiante honestamente, especialmente en términos de presupuesto, sí, de ejecución de presupuesto por parte del Estado en los programas de implementación del acuerdo, no solo de la reincorporación, sino... la implementación del programa de sustitución de cultivos ilícitos, etcétera de otros capítulos restitución de tierra acceso a la tierra. (LO, 2022)

Al mismo tiempo, los propios funcionarios de Naciones Unidas han analizado cómo persiste una actitud problemática dentro de los excombatientes y es que ven al estado como el responsable de solucionar todas sus cuestiones de financiación, generando un doble problema para estos excombatientes. En primer lugar, una falta de iniciativa propia de emprendimiento y de integración real a la vida civil. En segundo lugar, esta actitud ocasiona una problemática temporal dado que las ayudas tienen que ser transitorias y no han sido diseñadas para ser pagas indeterminadas en el tiempo.

Entonces, cabe esperarse que una situación de dependencia pueda generar una serie de problemas graves entre excombatientes una vez que el plazo de las ayudas llegue a su fin. En las palabras de una representante de la ONU en Colombia:

> Obviamente siempre estamos hablando de proyectos de cooperación, ellos también tienen formas de acceder a créditos... Así hay que decir que ellos tienen una postura política muy dura en este sentido. Es decir, que hacen un bloque muy fuerte para que, honestamente, sea el gobierno para garantizarle las cosas. (LO, 2022)

Por último, otro aspecto clave que ha sido mencionado de manera recurrente por parte de expertos y excombatientes de las FARC es que la transición de grupo armado a partido político fue altamente problemática y llevó a una serie de divisiones internas muy fuertes que no favorecieron un buen resultado electoral y, por tanto, generaron un descontento muy amplio entre excombatientes y también tuvo un peso importante en la creación de algunas disidencias por la creciente postura por parte de algunos sectores de que la hoja de ruta era equivocada y que, tal como se estaba planteando el partido Comunes, el proyecto político fracasaría.

En estas divisiones internas, cabe destacarse una ruptura especialmente relevante que fue la competición entre Timochenko (número 1 de las FARC) e Iván Márquez (número 2 de las FARC), que no lograron un entendimiento común sobre las cuestiones fundamentales en el diseño del nuevo proyecto político.

Estas tensiones ya se dieron durante las negociaciones de paz en La Habana, pero fueron aumentando exponencialmente tras el fracaso del referéndum, durante la creación del partido político y durante el cambio político bajo el nuevo gobierno Duque. Se generó entonces una dinámica se absoluta oposición por parte de Iván Márquez a cualquier propuesta de Timochenko, acabando en una serie de disputas personalistas:

> Te voy a contar algo que yo lo he visto y lo conozco. En el primer congreso del partido, de las FARC, antes de Comunes, había dos jefes Timochenko e Iván Márquez. Timochenko le pidió cuatro cosas a Iván Márquez, eran 800 delegados aquí en Bogotá en el Centro de Convenciones. Primero, vamos a cambiar el nombre. El nombre FARC es de mala recordación para mucha gente, pidió Timochenko. Iván Márquez dijo no, vamos a mantener el nombre FARC, las siglas. Timochenko le pidió, en segundo término, que ningún miembro de la dirección fuera al Congreso, al Senado, a la cámara con los diez… sin haber pasado por la JEP porque eso le daba banderas a la derecha para decir que las FARC habían llegado al congreso sin haber pasado por la justicia. Iván Márquez dijo no, nos vamos todos. El único que no fue Timochenko. Iván Márquez se fue para el Senado. Tercero, Timochenko le pidió un programa para el siglo XXI… de género, de jóvenes. Un programa del siglo XXI. Iván Márquez impuso un programa típicamente del pasado. Estamos en la última etapa del capitalismo… hecho por los profesores de la Nacional, ultraortodoxo marxista-leninista… En el cuarto término, Timochenko le pidió acabar ya las relaciones con el cartel de Sinaloa. Iván Márquez le dijo no, no es que tenemos 40 toneladas en bodega una vez se entreguemos las cuarenta toneladas, ya rompemos con el cartel. (BS, 2022)

Varios miembros de la comandancia coinciden en que uno de los errores fundamentales que cometieron fue el de no dejar paso a una generación de políticos que lideraran un cambio de imagen para la organización que pudiera haber ayudado en la consolidación de un proyecto puramente político. Mientras que otros grupos guerrilleros como el M19 y el EPL entendieron esta necesidad de renovación al tomar el paso de desarmarse a comienzos de los años 90, las FARC persistieron en la idea de que los líderes políticos debían ser los antiguos líderes militares de la organización.

Así fue como se cometió el error de pensar que los cuadros militares pudieran tener la suficiente sensibilidad política para concurrir unas elecciones con capacidad de éxito. Estos debates de regeneración, de hecho, estuvieron sobre la mesa, pero fueron imposibilitados por la insistencia de varios líderes militares en que ellos debían ocupar los cargos en las cámaras de representación nacionales:

> En su momento también se discutió acerca de la importancia de que las FARC fueran representadas por otras personas, no necesariamente de la Comandancia, por personas que vinieran de los territorios que expresaran otras cosas, ¿ves? Pero claro, ahí también está un poco el tema de quienes hemos liderado la guerra, pues también queremos llegar al Congreso de la República ¿no?... pero probablemente sí hubiera sido una mejor decisión política, haber optado por liderazgos más jóvenes, por liderazgos con menos líos entre comillas, una comandancia que se hubiera quedado en la dirección como los sabios de la tribu, con una gente nueva en la exposición mediática. (YB, 2022)

En definitiva, mientras que el proceso hasta la firma del acuerdo de paz con las FARC puede considerarse un éxito muy importante a nivel del contenido relativamente ambicioso que se acordó y la voluntad que se construyó a favor de la paz, puede hablarse de una serie de errores importantes a la hora de prever algunos de los problemas que llevaron a un creciente descontento por algunas partes de la comandancia y, en especial, por parte de mandos medios que se sintieron eclipsados del proceso de negociación y no contaron con los suficientes incentivos para alejarse completamente de la idea de continuar en la lucha armada (YB, 2022).

Esta falta de inclusividad fue un elemento importante en que aproximadamente el 5 por cien de los combatientes siguieran su lucha en disidencias y otros muchos tuvieran muchas dudas a pesar de decidir desarmarse.

Estos descontentos también se reflejaron en el posterior difícil aterrizaje del partido Comunes y su falta de una articulación territorial con capacidad de éxito electoral. En parte, un elemento clave ha sido la incapacidad de convertir las antiguas FARC en un proyecto político que contara con una base de apoyo suficiente para garantizar representación política en las instituciones nacionales en el largo plazo.

Capítulo 7

Crónicas de una paz anunciada desde hace 40 años

Tras más de 40 años desde los primeros intentos serios de paz con las guerrillas principales que ha tenido Colombia, la primera conclusión, evidente y ampliamente conocida, es que es más fácil comenzar un conflicto que resolverlo. Sin embargo, 40 años de intentos de paz también permiten extraer una serie de conocimientos y aprendizajes sobre qué factores parecen ser más o menos relevantes a la hora de diseñar y llevar a cabo un proceso de paz que maximice sus posibilidades de producir una paz relativamente estable y duradera en el tiempo.

También se puede aprender mucho, al realizar comparativas de manera holística entre los distintos procesos de paz con cada grupo, sobre cuáles han sido los principales obstáculos e impedimentos para que muchos de los procesos de paz que ha tenido Colombia hayan fracasado o hayan producido graves problemas en la implementación de lo acordado.

Por tanto, existen razones para pensar que el diseño del proceso de paz, las estrategias y las formas específicas en la que se negocia pueden marcar la diferencia entre un proceso de paz que nunca llega a concretarse; uno que falla en etapas más avanzadas; otros en los que se consigue llegar a la fase de implementación pero afloran una serie de problemas que emanan fallos en etapas anteriores de negociación; y otros procesos de paz que realmente llegan a las cuestiones esenciales y logran una paz relativamente sólida tras un desarme efectivo de los grupos en cuestión.

Este análisis ha tratado de entender las razones por las cuales, tras 40 años de intentos de paz no ha sido posible terminar el conflicto colombiano –un conflicto heredado de la etapa de la Guerra Fría– puesto que el ELN, uno de los grupos principales de las guerrillas del país, sigo alzado en armas 60 años tras su fundación.

Mientras tanto, las FARC solo lograron un acuerdo de paz en 2016 y ha sido un proceso de paz muy imperfecto y ha producido una serie de grupos disidentes que han decidido seguir luchando. En este contexto, es sorprendente que siga habiendo actores que no han salido de una lógica de guerra comunista desde los años 60. A lo largo de este libro, se han utilizado testimonios directos de actores de alto nivel que han conocido los procesos de paz de los diferentes grupos guerrilleros de cerca.

En definitiva, los factores por los cuales la guerra interna de Colombia se ha presentado de manera tan prolongada en el tiempo a pesar de que la Guerra Fría terminara en los años 90 pueden analizarse en diferentes niveles: el macro, el meso y el micro. Es decir, la variedad de factores que han conllevado a la continuidad del conflicto puede rastrearse en el nivel 1) global e internacional (nivel macro); 2) los factores regionales y nacionales (nivel meso); así como 3) características o modos de operar de las propias organizaciones guerrilleras o los gobiernos que negociaron cada proceso de paz (nivel micro).

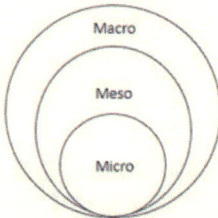

Figura 3. Niveles de análisis macro, meso y micro (elaboración propia)

Cuadro de resumen	
1. Factores Macro	• Colapsó la Unión Soviética, pero con la presencia internacional de actores comunistas como China y Cuba, la lógica de la Guerra Fría a nivel global, en realidad, nunca había acabado del todo. • El sistema internacional imperante siempre deja una serie de secuelas y cicatrices macrohistóricas tras ser transformado, dificultando la finalización completa de los conflictos previos. • La comunidad internacional ha mostrado diferentes grados de participación en cada proceso de paz, acelerando los cambios conceptuales de los grupos cuando estaban muy presentes; su ausencia en otros procesos ha llevado a que ciertos grupos no actualicen sus posturas conforme a la realidad global.
2. Factores Meso	• Se ha tratado de resolver una guerra multipolar con negociaciones bilaterales. Los marcos de negociación unilateral y bilateral no tienen sentido y son completamente inapropiados al no reflejar la naturaleza multipolar del conflicto en Colombia.
3. Factores Micro	• La lucha de egos entre las partes e internamente entre personalidades del gobierno o de cada guerrilla en cuestión, han representado un obstáculo clave para la paz. • Al negociar, los diferentes gobiernos no han tenido suficientemente en cuenta la "metafísica" del conflicto, es decir, la necesidad de conceder una serie de peticiones históricas que marcan el valor simbólico de cada guerrilla. No entender la diferencia entre el sentido práctico y el sentido simbólico de las banderas principales de las guerrillas ha llevado a una situación en la que las guerrillas no podían justificar su dejación de armas al no haber razones para pensar que su razón de ser había sido concluida y satisfecha.

Tabla 2. Cuadro de resumen sobre los factores macro, meso y micro que han afectado en la continuidad del conflicto en Colombia (elaboración propia).

1. Factores macro

Realizando una síntesis de las secciones anteriores, es importante recordar que el nivel conceptual juega un rol fundamental a la hora de marcar las motivaciones de los grupos guerrilleros a través del tiempo. Así, la lucha armada de un grupo guerrillero solo puede entenderse en un marco y contexto global de luchas ideológicas de un determinado momento. No es casualidad, entonces, que tres de las cuatro grandes guerrillas comunistas en Colombia surgieran casi de manera simultánea en la década de los años 60. El marco de una Guerra Fría internacional no solo promovió condiciones macrohistóricas propicias, sino que ofrecía, también, un recurso ontológico para que los propios grupos guerrilleros pudieran justificar su lucha bajo criterios ideológicos y la necesaria cohesión narrativa que generaba una organización con objetivos colectivos unidos.

Hemos visto que uno de los factores clave para el éxito relativo para la paz con las FARC con el proceso de La Habana vino marcado por un cambio conceptual, una socialización entre actores locales, nacionales e internacionales que propulsó unos nuevos marcos conceptuales y nuevas visiones sobre las demandas sociales y el tipo de proyectos políticos que tenían sentido en un mundo nuevo globalizado, que había cambiado profundamente desde la caída del muro de Berlín a fines de los años 80s.

Sin embargo, como hemos visto los sistemas internacionales y su lógica macrohistórica del momento tienden a deja una serie de secuelas. Es decir, aunque la realidad internacional cambie, ciertos elementos son traspasados al nuevo orden mundial y no puede hablarse de épocas estrictamente separadas. Por tanto, es importante enfocarse en transiciones y evoluciones más que revoluciones del sistema internacional. Es verdad que el colapso de la Unión Soviética supuso un duro golpe al comunismo internacional; pero, al mismo tiempo, es relevante ver la historia completa y no confundir un discurso triunfalista de los países capitalistas de Occidente con una verdadera derrota de las ideologías contrarias al capitalismo liberal.

De hecho, podría argumentarse que la Guerra Fría –o, al menos, la batalla ideológica entre capitalismo y comunismo que trajo consigo esta guerra conceptual– nunca acabó del todo en un contexto donde países como Cuba siguieron en un régimen comunista. Es más, con China como una fuerza cada vez más influyente, parece realmente incongruente hablar de una victoria del capitalismo internacional.

Se podría hablar de adaptaciones, de reformismo del comunismo internacional; pero en ningún caso hubo una derrota clara del comunismo y, por tanto, más bien, deberíamos hablar de ajustes y de cambios graduales en el sistema internacional. Incluso los países postsoviéticos transitaron hacia modelos que no llegaron a integrarse de lleno en la lógica de Occidente y, especialmente en la actualidad, la resistencia al capitalismo internacional entendido como un modelo liderado por Estados Unidos y varios países europeos han crecido.

La cuestión es que nunca hay un final real y nítido de una etapa macrohistórica por lo que numerosas lógicas del sistema anterior permanecen de manera híbrida. Esto provoca que, aunque se hubiera perdido cierta iniciativa, la Guerra Fría había dejado huella y la batalla conceptual que la marcó, aunque transformada por las nuevas realidades globales, seguía estando presente.

Por tanto, una primera afirmación que podría explicar por qué sigue habiendo guerra fría en Colombia podría encontrarse en que, a nivel global, la Guerra Fría nunca acabó del todo y, aunque se transformaran de manera fundamental los actores y sus parámetros conceptuales, el conflicto de fondo ideológico y conceptual persistía. Y, en este marco, varios grupos guerrilleros seguían teniendo la posibilidad de justificar sus acciones, quizás ya no tanto en una narrativa de que estaban siendo parte del triunfo internacional del comunismo (pues la situación internacional no hacía pensar que pudiera derrotar al capitalismo en el corto o medio plazo), pero sí se encontraban –con refrentes como Cuba o China– una serie de posibilidades para justificar una lucha de resistencia.

El sistema internacional imperante siempre deja una serie de secuelas y cicatrices macrohistóricas tras ser transformado, dificultando la finalización completa de los conflictos previos puesto que al tratarse de transiciones más que de rupturas completas, la ambigüedad híbrida del nuevo sistema internacional siempre porta consigo legados, dependencias y herencias del sistema previo.

Es importante recordar que los estudios de historia siempre utilizan la periodización como recurso intelectual, es decir, se hablar de una determinada etapa histórica de manera relativamente ficticia, puesto que el principio y final de cada una de estas épocas es muchos menos definido de lo que pudiera pensarse. Sirva como ejemplo la transición de un sistema feudal a un sistema mercantilista y, posteriormente, a un sistema capitalista. Las transiciones no ocurren en todas partes ni al mismo tiempo ni de la misma forma y, es más, nunca existe una ruptura completa con lo anterior, puesto que ciertas relaciones de poder, ciertos legados ideológicos y ciertos conceptos persisten en el tiempo y pueden ser transferidos de un sistema macrohistórico a otro en forma de "dependencias de camino."

Un análisis orgánico, por tanto, se ajusta mucho más y es preciso analizar los cambios macrohistóricos como una batalla dialéctica constante entre nuevas y antiguas vibraciones, antiguas estructuras y nuevos estímulos conceptuales, nuevas agencias y acciones colectivas en un mundo relativamente rígido y definido. De esta manera, los legados conceptuales de la Guerra Fría fueron claves para que los grupos guerrilleros en Colombia siguieran encontrando vías para justificar la continuidad de su lucha.

Otro factor muy relevante que ha sido analizado anteriormente es que la presencia de actores internacionales en un proceso de paz puede tener un impacto conceptual muy importante. Así, la presencia de numerosos actores internacionales, de representantes de organizaciones civiles internacionales, mediadores tanto declarados capitalistas como comunistas fueron un instrumento decisivo para la rápida socialización de las FARC con los nuevos debates conceptuales y las nuevas demandas sociales internacionales. Mientras que estudios internacionales han señalado ampliamente la importancia clave de la comunidad internacional a la hora de proveer de recursos financieros, apoyo logístico y técnicas de negociación basadas en experiencias previas; un aspecto fundamental que ha sido desarrollado es el impacto que pueden tener la socialización con actores internacionales en la escala de generar cambios conceptuales dentro de la organización guerrillera con la que se negocia.

Especialmente, en un momento de acercamiento entre Estados Unidos y Cuba durante el gobierno de Barack Obama, se generan incentivos importantes para crear un espacio de acercamiento entre guerrillas y gobierno. Es decir, si los referentes internacionales de cada parte –tanto guerrilla como gobierno– se encuentran en una etapa de acercamiento y presionan fuertemente para promover cambios conceptuales que dejen atrás una lógica beligerante entre los contrincantes de un determinado conflicto como el de Colombia, comienza a ser mucho más probable que guerrillas como las FARC o gobiernos como el de Santos busquen una paz duradera.

De la misma manera, cuando la distancia crece entre los referentes internacionales de cada bando, también crecen los obstáculos para negociar una paz duradera entre las partes de la contienda; como ha sido visible con el gobierno Trump en Estados Unidos y el gobierno Duque en Colombia que ambos decidieron deshacer el acercamiento anterior a Cuba. En conversaciones confidenciales, ha sido comprobado que los propios actores involucrados en estos acercamientos y posterior distanciamiento atribuyen un rol esencial a las relaciones entre Estados Unidos y Cuba a la hora de marcar las posibilidades de paz entre un determinado gobierno colombiano y un determinado grupo guerrillero.

Así, también, queda en evidencia que las lógicas como tratar al ELN como el vagón más lento y, por ello, posponer una negociación con este grupo, en un momento relativamente propicio a nivel internacional para tratar de alcanzar una paz duradera, puede ser altamente problemático puesto que dichos momentos propicios de acercamiento entre actores como Estados Unidos y Cuba pueden ser volátiles y dependen de cada gobierno. De esta manera, la escala internacional y global es inseparable de la trayectoria y las posturas conceptuales de cada grupo guerrillero o cada gobierno que trata de terminar un conflicto bélico.

2. Factores meso

Otro debate relevante que ha sido tratado en este libro y que parece haber influido de manera importante en la cuestión de por qué no ha sido posible, hasta el momento, resolver el conflicto interno de Colombia se relaciona con una falta de comprensión holística del conflicto y su naturaleza. Es decir, las posturas del gobierno y de sus negociadores se han centrado casi exclusivamente en tratar de encontrar mecanismos para la paz con cada uno de los grupos, cuando la realidad del conflicto colombiano es mucho más híbrida.

En otras palabras, se ha tratado de resolver una guerra multipolar con negociaciones bilaterales. Los marcos de negociación unilateral y bilateral no tienen mucho sentido y son completamente inapropiados al no reflejar la naturaleza multipolar del conflicto en Colombia. Esto es especialmente evidente si analizamos cómo la paz con el M19 y el EPL a comienzos de los años 90, coincidió con el comienzo de una de las etapas más violentas en la historia de Colombia con el auge de las FARC que, durante los años 90, consiguieron expandirse de manera drástica a la par que aumentaba la presencia de grupos paramilitares por todo el país.

Es decir, negociar la paz con determinados grupos mientras que otros siguen activos no es suficientes puesto que los vacíos de poder que deja un grupo armado pueden ser aprovechados por otro grupo armado y, en ocasiones, incluso puede haber movimientos de combatientes entre un grupo y otro o, al menos, unos cambios de lealtades revolucionarias y de apoyo indirecto a los grupos que persisten en una lucha armada contra el estado. Este aspecto es muy relevante si tenemos en cuenta que grupos como el M19 tuvieron estrechas relaciones de colaboración y competencia con otros grupos como las FARC. Si vemos, por ejemplo, la historia de Jaime Bateman, quien fundó el M19 tras ser expulsado de las FARC, queda en evidencia que los grupos se encuentran conectados por lazos ambiguos de amistad y enemistad.

Así, aunque no pueda hablarse de una colaboración sólida, menos en momentos puntuales como durante el establecimiento de las coordinadoras guerrilleras, es lógico e inevitable que, siendo guerrillas comunistas o socialistas, ciertas visiones, motivaciones y objetivos revolucionarios, vienen a entenderse como complementarios y como conceptualmente semejantes. El filósofo Ludwig von Wittgenstein posiblemente hablaría de las relaciones entre el M19, EPL, FARC y ELN como "parecidos familiares" que se encuentran en una lógica ambigua de tensión y comunión permanente.

Desde los comienzos de los primeros intentos de paz, el gobierno adoptó una postura de negociación bilateral con los altos mandos de cada grupo guerrillero, sin tener en cuenta que justamente esta lógica era inadecuada en un conflicto puramente multipolar e híbrido que precisaba de soluciones igualmente híbridas y acuerdos multilaterales entre las diferentes partes que tenían peso en el conflicto interno[1].

De manera alegórica, se podría argumentar que, en este contexto multipolar, negociar de manera bilateral correspondía a poner parches sobre las caras más visibles del conflicto sin adentrarse en su esencia compleja y los engranajes múltiples que eran precisos para establecer el equilibrio de la paz. Los intentos de paz de la Uribe de 1984, que pueden interpretarse como los primeros intentos serios de paz con las FARC justamente fallaban en esta lógica simple de que un conflicto multipolar no puede resolverse por la vía bilateral. Incluso si se consigue firmas la paz sobre el papel, hacerlo de manera bilateral significa necesariamente que sobre el terreno la implementación fallará.

Más tarde, el proceso constituyente quizás representó lo más parecido a una negociación multilateral entre diferentes partes del conflicto y una visión

---

1. En algunas ocasiones las medidas y propuestas no fueron multilaterales ni siquiera bilaterales. Así pues, la administración Uribe, aunque negoció en Ralito con los paramilitares, habilitó la ley 975/2005 para que cualquier guerrilerro o guerrillera de cualquier grupo abandonara, a título individual, las armas, podría acogerse a este tipo de normas de carácter de justicia transicional. Es decir, hablamos de una propuesta unilateral sin ningún tipo de consulta con las guerrillas.

holística de que el orden constitucional vigente no era suficiente para acomodar las diferentes sensibilidades políticas del país. Pero, incluso en este proceso, el grado de multipolaridad de los acuerdos fue altamente incompleto puesto que no se encontraban todos los actores en la mesa y que, desde los inicios, el modelo de negociación que perseguía el gobierno era, de nuevo, altamente bilateral y basado en una lógica de dividir y gobernar.

Muestra de ello es la propuesta de Gaviria en la que cada grupo guerrillero mandaría un total de 5 delegados, sin tener en cuenta la realidad sobre el terreno en cuanto a las diferencias en fuerza de cada grupo guerrillero. Es decir, lo que necesita una negociación multipolar real no es un formato equitativo simple que simplemente adopte la idea de "un grupo guerrillero un voto" en la mesa de negociación; al contrario, tal como reflejan las enseñanzas de teorías de reparto de poder consociativo como las del politólogo Arend Lijphart lo que es necesario al negociar una paz multipolar es precisamente un reparto proporcional de poder en la mesa de negociación, a la vez que se respeta un derecho de veto para cada grupo.

Es decir, debe haber un fiel reflejo de los principios de evitar una tiranía de la mayoría –donde los grupos más fuertes imponen la agenda en exclusiva– así como evitar una tiranía de la minoría –donde se le da demasiado poder a los grupos menos fuertes al darle la misma capacidad de voto y peso en unas negociaciones de paz que a los grupos grandes.

Ningún gobierno colombiano ha propuesto jamás una negociación integral bajo estos criterios que siguen una lógica simple de diseñar el proceso de paz de tal manera que se refleje la realidad multipolar del conflicto; pero a su vez reconozca las relaciones de poder sobre el terreno entre cada guerrilla. Esto fue uno de los principales factores por los cuales las FARC abandonaron el proceso constituyente y, por tanto, se escapó la posibilidad de una paz más sólida en un momento muy propicio para ello.

Todos los demás intentos de paz han vuelto a una lógica puramente bilateral, produciendo, por tanto, de manera lógica, soluciones altamente limitadas, inestables e imperfectas puesto que la lógica de negociación no reflejaba la lógica del conflicto. Esta falta de correspondencia entre realidad del conflicto y modo de negociar la paz ha sido continua.

El caso más destacado de negociación bilateral destinada al fracaso seguramente fuera el proceso de paz del Caguán; pero también en los procesos posteriores de La Habana, a pesar de tener a la comandancia tanto de las FARC como del ELN reunidas en la misma ciudad en Cuba, persistió esa cultura de negociación bilateral que suponía un reflejo pobre de lo que significaba el conflicto colombiano sobre el terreno y no se adecuaba al tipo de soluciones conjuntas que pudieran parar el conflicto de manera integral e híbrida.

Es llamativo que los propios actores de cada proceso de paz –tanto de las guerrillas como del gobierno– en retrospectiva siempre señalen que uno de los errores clave fuera no atreverse a llevar a cabo negociaciones más amplias e inclusivas. Sin embargo, siempre parece haber, de nuevo, incentivos para el gobierno y las guerrillas para negociar de manera separada, produciendo las semillas que finalmente hacen peligrar la posibilidad de una paz completa.

Esto puede deberse a los miedos de que, al ampliar demasiado la mesa de negociación, primero, surjan más peligros de no llegar a un entendimiento final o, segundo, el entendimiento se dé de una manera en la que la propia voz ha sido diluida por una variedad de intereses de otros grupos. Sin embargo, tras unos 60 años sin concluir el conflicto interno de Colombia hay que sostener que los modelos bilaterales no funcionan y que la propia naturaleza multipolar del conflicto dicta que las soluciones tienen que asumir justamente esa realidad que ningún actor en solitario o simplemente dos actores van a poder llegar a una paz integral.

Otro aspecto importante que ha sido analizado durante los factores que llevaron a una implementación convulsa de la paz con las FARC y una terminación de los diálogos de La Habana con el ELN fue el cambio de gobierno que pasó del gobierno Santos –que había sido artífice del Acuerdo de Paz de La Habana– al gobierno Duque –que adoptó una postura contraria a la paz con estos dos grupos guerrilleros.

Es decir, puede afirmarse que entre los principales oponentes políticos a nivel nacional no había un consenso mínimo sobre la cuestión de la paz. Este aspecto es fundamental puesto que la falta de dicho consenso significa que las élites políticas del país estaban altamente divididas sobre la cuestión de la paz con el ELN y las FARC. Esto es altamente problemático puesto que, en un sistema democrático, cabe esperarse un cambio regular de gobiernos, en el caso de Colombia, cada cuatro años. Significa que para que un acuerdo de paz tenga una posibilidad de éxito integral, debe tenerse en cuenta a la oposición del país a la hora de negociar la paz. Esto es un elemento que sorprendentemente tampoco se ha tenido en cuenta en los diferentes procesos de paz que ha tenido el país.

La única excepción parcial a la falta de un consenso mínimo bipartidista se encuentra de nuevo en el proceso constituyente que culminó en 1991. Este momento coincidió con una crisis importante del bipartidismo que, finalmente, facilitó una serie de compromisos para reformar el sistema político del país mediante una nueva Constitución. Hubo, entonces, pactos transversales entre las fuerzas bipartidistas para finalmente apoyar un nuevo texto constitucional y crear un consenso mutuo de que el EPL y el M19 pudieran integrarse en el sistema político del país a cambio de entregar las armas.

Este momento de consenso bipartidista no se dio durante el proceso de paz de La Habana y, al contrario, cada bando instrumentalizó su posición a favor o en contra de la paz con fines electoralistas. No hubo un consenso bipartidista mínimo por parte de la élite política del país, como se había dado, en gran medida, durante el proceso constituyente de 1991.

Se puede afirmar que justamente para ser implementado con fuerza y solidez un acuerdo de paz precisa justamente de una especie de "momento constitucional" o "espíritu constitucional", es decir, un momento de acuerdos trasversales de alto nivel entre las élites del país y aquellos sectores políticos y económicos que sustentan el poder principal de las instituciones nacionales y del buen funcionamiento de la economía nacional.

Es muy relevante que un acuerdo de paz pueda garantizar si no un apoyo explícito de la oposición, al menos, el compromiso de no tratar de deshacer la paz una vez cambie el signo político del gobierno nacional. En ese sentido, las diferentes negociaciones de paz entre gobiernos concretos y las guerrillas que se han dado desde los años 80, no han tenido la sensibilidad suficiente como para incluir a actores de la oposición política a la mesa de negociación.

En un sistema democrático donde es de esperar que el partido en el poder cambie cada cierto tiempo, parece sorprendente que estas fórmulas de inclusión de la oposición en la mesa de negociación no hayan sido exploradas en lo más mínimo. Es, en efecto, una posición poco previsora teniendo en cuenta que un mandato entero de negociación y de esfuerzos por la paz puede verse desequilibrado y frustrado por el cambio rutinario del traspaso de poder de un gobierno a otro. Por tanto, el primer paso, por parte del gobierno debe ser el de generar un consenso mínimo con la oposición si se quiere entrar a una negociación seria con las guerrillas.

3. Factores micro

El politólogo Ekkehart Krippendorff habla en su libro *Estado y Guerra, La Lógica Histórica de la Irresponsabilidad Política* de la relación directa entre los gobiernos y la violencia. Habla de una conexión intrínseca entre la guerra y el estado, argumentando que las estructuras del estado y de la violencia organizada están conformadas de tal manera que son justamente los individuos más inmorales, más astutos y temerarios los que prosperan en los estados modernos y son capaces de imponerse a la maquinaria del monopolio de la violencia. De esta manera, este autor argumenta que el estado y su lógica premia a las personas (más violentas y capaces de usar su violencia astuta) para llegar a la cima:

> Toda esta institución [del estado] se asemeja a un cono, todas cuyas partes están en poder de las personas o la persona que se encuentran en el punto superior. Pero la parte superior de este cono es tomada por personas o una persona que son más astutos e inescrupulosos que los demás, o son un heredero accidental de aquellos que han sido más audaces y sin escrúpulos. (Krippendorff, 1985, p. 408)

Es decir, lograr el poder como individuo en un aparato de violencia colectiva como el estado o la comandancia de una guerrilla presupone necesariamente una mentalidad de fuerza bruta y un sentido primitivo de la imposición. Por tanto, en lo más alto del poder, la lógica y el *modus operandi* es el de un primitivismo de fuerza bruta, un "juego entre los grandes" Para los que están en la cima de un aparato colectivo de la violencia la política y la guerra se han convertido en una especie de juego que manejan desde cierta lejanía por la "división del trabajo entre gobernantes y soldados" llevando a una "disociación peligrosa donde personas buenas pueden hacer cosas personalmente malas" siguiendo lógicas irracionales basadas en conceptos abstractos como el "poder, prestigio o el honor" (Krippendorff, 1985, p. 46-54). Cuanto más arriba se encuentra el individuo en esta lógica del poder, más primitivos serán los instintos de imposición y más crudo será el uso de la violencia. En el centro de las razones de esta lógica se encuentra la propia naturaleza de cualquier aparato militar, que tiene como objetivo principal la eliminación progresiva de miedo natural del individuo del uso de la violencia.

Es decir, el estado o las organizaciones guerrilleras que promueven la creación de un estado comunista alternativo, ambas siendo organizaciones militares, portan en su naturaleza de violencia organizada el germen de la deshumanización violenta; creando una lógica de crudeza absoluta y una situación de división entre "los grandes" que juegan y "los pequeños" que obedecen y son cómplices de los juegos de los grandes.

Por tanto, en los más altos niveles de decisión, el juego de la política y la guerra se reduce a una cruda lucha de egos que es facilitada por esta lógica violenta y primitiva de las organizaciones militares. En este sentido, la lucha de egos entre personalidades del más alto nivel del gobierno y de las guerrillas ha llegado a ser un obstáculo gigantesco para la paz en Colombia.

A lo largo de la historia de los procesos de paz en Colombia, siempre se han repetido batallas campales en el más alto nivel. De hecho, las luchas de ego entre Santos y Uribe fueron clave a la hora de producir una implementación convulsa del acuerdo de paz de La Habana. De la misma manera, las luchas de egos entre Timochenko y Márquez, dentro de las FARC, fueron un impedimento muy grande para que el nuevo partido de los Comunes pudiera establecerse con un programa claro y fueron una constante en las razones por las que también desde el lado de las FARC la implementación del acuerdo también se caracterizó por un alto grado de imperfección. Incluso a nivel de quienes negociaron la paz por parte del gobierno, la presencia de dos negociadores diferentes –Sergio Jaramillo y Frank Pearl– para el proceso de paz con las FARC y el proceso de paz con el ELN también produjo una disputa importante y una falta de coherencia clara.

Esta lucha cruda de poder se puede dar tanto dentro de las organizaciones como entre ellas. De hecho, también puede verse que esta cultura de egos fue clave a la hora de explicar por qué fracasaran las dos coordinadoras guerrilleras que trataron de hacer confluir los intereses de las diferentes guerrillas principales de Colombia. Y en numerosas ocasiones esta cultura de "juegos entre grandes" fueron la razón por la que los procesos de paz no se abrieron a tiempo a la participación de mandos medios y la base más amplia de los diferentes grupos guerrilleros.

En esta lógica de egos y de imposición primitiva, prosperan actitudes neuróticas que pueden interpretar cualquier participación adicional como un potencial peligro y amenaza al propio liderazgo de las personas que están en la mesa. Estos recelos y sentimientos de amenaza son altamente problemáticos para cualquier proceso de paz que justamente necesita, como ha sido discutido anteriormente, soluciones muy híbridas y de naturaleza multipolar.

Sin embargo, no todo es una lucha cruda y ciega, sin objetivos más allá que la propia agenda personal y, de hecho, hemos analizado ampliamente, en conversación con varios miembros de alto nivel del gobierno y de las guerrillas, que un aspecto fundamental constituyen las visiones ideológicas y ontológicas sobre la validez y la autojustificación conceptual de la continuidad de la guerra.

Así, estos egos se encuentran en un marco ontológico, una serie de ideas abstractas sobre la razón de ser de la organización en su conjunto. Estas ideas abstractas se presentan como una metafísica del conflicto: una serie de ideas que unen y crean una propia racionalidad del conflicto en el plano de las "racionalidades de valores" (Boudon, 1997). Es decir, en los términos de Max

Weber, cada organización tiene una serie de valores superpuestos y la racionalidad se mide en torno a la satisfacción de estos objetivos abstractos. Aquí se encuentra la interconexión de las agendas personales con agendas más abstractas que permiten una coherencia dentro de los propios grupos que tratan de liderar.

Hay entonces una realidad híbrida de juegos políticos y bélicos de los grandes, pero se encuentra mediada por una serie de objetivos abstractos que se presentan como banderas principales de las guerrillas que tienen su peso y crean un marco de actuación y de búsqueda se sentido a la propia acción. Entonces podríamos hablar de una especie de tensiones o dialéctica constante entre luchas de egos entre individuos que tratan de marcar la acción concreta de cada organización en un momento determinado y luchas metafísicas que son compartidas por la organización en un sentido más colectivo.

Por tanto, este simbolismo y los rituales de la organización que se lidera tampoco pueden dejarse de lado en el análisis. Al negociar con las guerrillas, entonces, hay que tener en cuenta las luchas de poder entre individuos; pero también los valores metafísicos que se comparten dentro de la organización en un plano colectivo. Los diferentes gobiernos no han tenido suficientemente en cuenta esta "metafísica" del conflicto, es decir, la necesidad de conceder una serie de peticiones históricas que marcan el valor simbólico de cada guerrilla.

Sin embargo, es importante apreciar que las banderas principales de cada guerrilla no siempre representan un objetivo que sea posible medir en términos de la más estricta racionalidad objetiva. Es decir, justamente existe un valor metafísico, queriendo decir que, especialmente con el tiempo, los objetivos de las guerrillas como la reforma agraria se convierten en una serie de rituales y una especie de comunión conjunta en torno a principios complejos como la defensa de la tierra.

Entonces, objetivos como dicha *defensa de la tierra,* van cobrando un sentido más elevado y una disociación entre objetivos materiales (como el reparto más equitativo de los bienes que generan productividad en el campo) y objetivos más abstractos (como la defensa de la tierra por criterios de sostenibilidad). No entender la diferencia entre el sentido práctico y el sentido simbólico de las banderas principales de las guerrillas ha llevado a una situación en la que las guerrillas no podían justificar su dejación de armas al no haber razones para pensar que su razón de ser había sido concluida y satisfecha.

Lo importante aquí es que se ha confundido una falta de propuestas concretas por parte de las guerrillas con una falta de voluntad de paz. Más bien, la falta de concreción –como es especialmente el caso con el ELN– hace indicar un alto grado de simbolismo de las demandas de dichas organizaciones. Lo principal, entonces, es dar razones para que la guerrilla en cuestión pueda ver satisfechas sus "inquietudes metafísicas", verse reconocidos en la importancia de sus rituales y sus creencias abstractas y, así, poder concluir su lucha y descansar en paz y con la conciencia tranquila de que todo mereció la pena.

Mientras no se haga fuerte esta sensación de que 60 años de lucha hayan merecido la pena ante los ojos de la organización guerrillera con la que se negocia la paz, es muy improbable que se logre avanzar en la dejación de armas y una intención real de concluir la acción bélica de manera clara y permanente. Entonces, una de las razones clave para entender la continuidad de la guerra en Colombia es justamente esta falta de entendimiento de esta dialéctica entre:

1. Las luchas de ego entre individuos de las diferentes organizaciones.

2. Los valores metafísicos que marcan las banderas principales de cada guerrilla y las implicaciones de simbología y autojustificación de la guerra en el nivel de la acción colectiva.

3. La simbiosis entre dichos valores metafísicos y las luchas personalistas, los primeros estampando el marco de sentido colectivo de la organización y las segundas creando obstáculos prácticos cuando, en principio, pueda existir una voluntad teórica para hacer la paz.

En definitiva, los niveles macro, meso y micro se presentan como factores simultáneos en las posibilidades de la paz con un grupo guerrillero determinado. Es importante entender tanto la lógica de cada nivel de análisis como las relaciones verticales e interconexiones que existen entre los factores de cada nivel.

Capítulo 8
El precio de la paz. ¿Por qué no llegó la paz a Colombia durante 60 años?

Los momentos macrohistóricos: Conflictos de camino, conflictos huella y conflictos cicatriz

En el recorrido histórico de la lucha armada liberal y comunista (véase Capítulo 1), queda de manifiesto que las grandes transformaciones conceptuales globales guardan una estrecha relación con las dinámicas de las disputas sociales sobre el terreno de cada nación y cada localidad. Así, por ejemplo, las movimientos de independencia a comienzos del siglo XIX en Latinoamérica guardan una estrecha relación con las Guerras Napoleónicas en Europa; las desigualdades profundas de Colombia sólo pueden entenderse bajo el prisma de un mercantilismo salvaje que instrumentalizaba a una selecta élite en cada país con el que comerciaban las grandes potencias; los movimientos sindicales llegaron en barco hacia el continente americano con las migraciones de aquellos que buscaban un futuro más prometedor.

De la misma manera, la internacionalización extrema, que vino de la mano del imperialismo colonialista y se dio desde comienzos de la industrialización hasta la Primera Guerra Mundial, facilitó una movilidad de ideas políticas a través de todo el globo terráqueo, provocando una disputa conceptual global entre pensamientos liberales, socialistas, comunistas, anarquistas; posiciones conservadoras que justamente buscaban defenderse de dichos cambios en el pensamiento; y una serie de movimientos reaccionarios como el fascismo, que combinaban elementos modernos como la movilización de masas con valores nostálgicos y romanticistas, así como un tradicionalismo social militante y racista. Los movimientos globales ideológicos, de esta manera, ya no estaban contenidos a las geografías nacionales y cobraban importancia los lazos transnacionales entre poblaciones, élites políticas y económicas, mercantes, viajeros y medios de comunicación.

Por tanto, en un mundo internacionalizado, lo local y lo global están conectados entre sí en cada momento por lo que no tiene sentido analizar las dos dimensiones de manera desconectada; es decir, analizar sólo lo local o sólo lo global para explicar una determinada situación política nunca puede producir una visión que aspire a conclusiones de carácter general. Esto es especialmente cierto en un mundo industrializado y globalizado donde el capital que facilita las cadenas de producción globales es altamente móvil, pudiendo viajar de manera rápida por el mundo.

De la misma manera, las ideas y los conceptos políticos también viajan a alta velocidad a través de todo el planeta. Así los textos del *Manifiesto Comunista* de Karl Marx y Friedrich Engels, que sacudirían el mundo político hasta nuestros días, fueron terminados en su casa de Bruselas en la rue Jean d'Ardenne, 50.

Por lo tanto, cada idea, cada pensamiento político de relevancia tiene el origen más local posible: el del pensamiento de un individuo o, en este caso, de dos individuos. Al mismo tiempo, es importante recordar que estos autores están en un contexto, pertenecen a un grupo social, tienen influencias – gracias a sus muchas lecturas. El comunismo no es inventado por Marx y Engels: ya en las revoluciones inglesas y en la francesa, en las de 1820 y 1830, por ejemplo, aparecen ideas que refuerzan el proceso de cambio: el final de las relaciones feudales, el final de la servidumbre, de los bienes comunales, del sistema de producción domésticos, etc.

En algunas circunstancias, estas ideas locales acaban cobrando una dimensión global si se traducen en movimientos políticos importantes y si ciertas organizaciones colectivas adoptan e incorporan ciertas ideas como suyas. Inevitablemente, estas ideas se verán transformadas con el paso del tiempo, con el efecto deformador de aplicar la teoría a la práctica y el uso instrumentalizado de dichas ideas en la arena política.

En ciertos momentos la entrada de una idea a la escena política puede provocar eventos que sacuden la política global como fue el caso con la Revolución Rusa. El comunismo había conquistado las instituciones de una de las potencias mundiales. Por tanto, no debe olvidarse que, aunque las ideas se transformen de manera sustancial al pasar de lo individual a lo colectivo, todos los movimientos macrohistóricos tienen una idea, una invención o un pensamiento local inicial; comenzando un viaje de lo local a lo internacional y de lo global a lo individual por el traspaso de los efectos de dichos movimientos macrohistóricos a otras geografías y, por tanto, a la experiencia de nuevos individuos.

La literatura sobre el conflicto interno de Colombia ha dejado de lado en numerosas ocasiones las dimensiones macrohistóricas en su análisis, llevando a situaciones de análisis altamente incompleto que no conecta los movimientos geopolíticos globales con las realidades sobre el terreno. Tanto los marcos ideológicos que inician las guerras como los marcos ideológicos que inician una posibilidad de paz deben pensarse desde una dualidad de lo local y lo global. La propia palabra de ontología viene a describir una situación en la que los individuos formulan su propia visión del mundo; es decir, la realidad del individuo siempre conecta con el entorno y de manera más amplia con el mundo.

El marxismo llega a América Latina tras la revolución rusa de 1917 y no antes, al menos no antes con la misma fuerza. De hecho, a fines del siglo XIX son más importantes una mezcla de ideas anarquistas y socialistas en algunos países de la América de habla española o portuguesa. En cambio, Gandhi tendrá influencia en el movimiento por los derechos civiles y políticos de la minoría negra en EE. UU., pero no llegará a América Latina hasta 1968 con la teoría de la liberación en su versión no violenta.

Esta conexión entre lo local y lo global en los procesos de paz queda muy evidente en los procesos que se dieron en La Habana que, como ha sido analizado anteriormente, supusieron una especie de actualización de los líderes guerrilleros de las FARC con el mundo y la posibilidad de bajar dicha información a sus mandos medios y las bases de la organización guerrillera, incluso en una situación de comunicación altamente imperfecta.

Los cambios conceptuales en los momentos en los que las guerrillas socializan con la comunidad internacional y con los actores del gobierno son importantes a la hora de crear una síntesis entre las diferentes ontologías y actualizar la razón de ser de cada actor. Del mismo modo, la caída del comunismo internacional supuso un acicate conceptual decisivo para las principales guerrillas de Colombia.

Los cambios macrohistóricos propiciados por la caída del bloque comunista conllevaron a una situación en la que se abrían nuevas posibilidades para la paz; algo que fue evidente en el caso de la participación del M19 y el EPL en el proceso constituyente; pero que también fue apreciable en el caso del intento de las FARC de girar hacia la vida política con la UP e, incluso, los primeros contactos entre el gobierno Gaviria y el ELN.

También la creación de la Coordinadora Guerrillera es una clara evidencia de que los cambios macrohisóricos estaban teniendo un impacto profundo sobre las posturas de todos los grupos guerrilleros. Por primera vez, se formularon posibilidades reales de escenarios de negociaciones que produjeran una paz sostenible en el tiempo. Dos de los cuatro grupos guerrilleros principales (el M19 y el EPL) acabaron firmando la paz y una nueva Constitución para el país; el ELN sufrió una escisión de sus cuadros políticos con la Corriente de Renovación Socialista y las FARC plantearon la paz bajo los términos del acuerdo de la Uribe y estaban abiertos a transitar hacia la política bajo la Unión Patriótica.

Es decir, aunque la paz con dos de los grupos (FARC y ELN) fracasara, los movimientos macrohistóricos de los años 80 y 90 fueron críticos a la hora de propiciar la posibilidad de la paz; un escenario que anteriormente no era considerado de manera serio dentro de estas guerrillas.

Conflicto de camino ("footstep conflict")	Conflicto huella ("footprint conflict")	Conflicto cicatriz ("secuel conflict")
Características: • Resolución sólo probable con una victoria o derrota militar contundente • Resoluciones falsas en forma de pausas tácticas • Tendencias totalitarias	Características: • Presencia del marco necesario para una solución integral • Probabilidad real de paz más alta • Renovación institucional	Características: • Ceguera ideológica con altos niveles de desconfianza • Economías de guerra y guerras recicladas • Deshumanización
Razones del conflicto: • Ideologías • Injusticias sociales • Inconsistencias y estructuras macroeconómicas	Razones del conflicto: • Mal diseño del proceso de paz (proceso asimétrico) • Desarme y garantías • Torpezas • Mala comunicación • Circunstancias	Razones del conflicto: • Cicatrización de las desconfianzas • Secuelas de los incumplimientos • Reproches mutuos y guerra de desgaste
Inmadurez de la paz ("Immaturity of peace")	Madurez de la paz ("Ripeness of peace")	Decadencia de la paz ("Decay of peace")
Conflicto alineado con las tendencias macrohistóricas	Posibilidad de paz alineada con las tendencias macrohistóricas	Conflicto perpetuado sin fuente macrohistórica

Tabla 3. Características del conflicto de camino, del conflicto huella y del conflicto cicatriz (elaboración propia)

Por tanto, el origen de todos los conflictos tiene un elemento macrohistórico. El comunismo, tal como ha sido analizado en los antecedentes, tiene su origen en el surgimiento de los procesos de industrialización, el mercantilismo y la creación de un mercado capitalista global. En el capítulo sobre los antecedentes globales del conflicto en Colombia se ha mostrado como las ideas revolucionarias eran inseparables de los movimientos macrohistóricos a escala global y cómo, en cada país latinoamericano y del planeta, cada grupo político que adoptaba el comunismo hacía una propia lectura según la realidad local. Había así una experiencia compartida entre todos los grupos comunistas y, al mismo tiempo, una experiencia disonante ante especificidades de cada nación.

Podemos hablar, entonces, de que en el conflicto armado interno en Colombia entre el Estado y las principales guerrillas del país (FARC, EPL, ELN y M19) tuvo tres grandes ciclos. Así el conflicto comenzó como un *conflicto de camino* que se conectaba estrechamente con una situación macrohistórica de contienda ideológica y geopolítica entre el bloque capitalista y el comunismo. Un *conflicto de camino*, como ha sido explicado anteriormente, significa que el conflicto está alineado y bebe directamente de las tendencias macrohistóricas del momento.

Esto también significa que las condiciones macrohistóricas no son propensas para la paz y marcan una alta probabilidad de la continuidad del conflicto en todo caso donde no haya una superioridad militar tan clara que por parte del Estado o la guerrilla en cuestión de un golpe de efecto rápido y pueda hacerse con el poder central. Este primer ciclo de *conflicto de camino*, dada que las condiciones macrohistóricas son la fuente directa de dicho conflicto, llevan a una inmadurez de la paz y una guerra sorda, pues ambas partes de nutren de un mundo que se bate entre grandes ideas cuya superioridad no se ha terminado de testar en la batalla.

Es decir, hay una situación de guerra clara sin probabilidad real de llegar a una paz negociada. En esta fase o ciclo solamente es probable que termine el conflicto si se da una victoria militar decisiva. Esto explica una trayectoria común en el campo de batalla para las cuatro principales guerrillas de Colombia. Esta idea es reforzada por la realidad de que ninguno de los grupos firmó una paz definitiva antes de la caída del muro de Berlín y el colapso del bloque soviético.

Una vez cambian las constelaciones macrohistóricas, impulsando las reformas del comunismo con los programas de la Perestroika y, finalmente, llegándose al colapso del bloque comunista, podemos hablar del final del *conflicto de camino*, pues las condiciones macrohistóricas cambian radicalmente, llevando a un segundo ciclo de *conflicto huella* que persiste por la inhabilidad de los actores de traducir cambios macrohitóricos favorables a la formación de un nuevo monopolio de la violencia (paz negativa) y realidades coherentes de justicia social (paz positiva). En la escala temporal, el conflicto huella es más corto que el conflicto de camino, pues representa todo el periodo en el que aún no se ha concluido y comenzado a implantar un acuerdo de paz que sea duradero en el tiempo.

De esta manera, este ciclo representa una especie de ventana de oportunidad y, a su vez, un periodo de tiempo durante el cual la realidad sobre el terreno es incongruente con las nuevas realidades macrohistóricas, representando un sedimento heredado del conflicto de camino. Se podría argumentar que, al transitarse del ciclo del conflicto de camino al conflicto huella, se abre una dialéctica entre el pasado bélico y un nuevo futuro pacífico que puede llegar, pero que tiene que acordarse e implantarse de manera adecuada para poder tener éxito y dar un nuevo modelo de sociedad donde las guerrillas y el enfrentamiento armado ya no tengan cabida.

Lo que refuerza la idea del *conflicto huella* es que todos los grupos comenzaron a replantearse su propia razón de ser y debaten internamente la posibilidad de una paz sostenida con el estado si se cumplían una serie de requisitos; pero en ningún caso la paz fue inmediata y, en algunos casos, la paz e incluso la etapa exploratoria de diálogos fracasó. En esta fase, por tanto, hay una madurez para hacer la paz; pero esta debe aprovecharse y, en ningún caso, se alcanzará de manera determinista.

Es decir, deben darse circunstancias propensas como el fallo judicial que llevó a una confluencia entre los objetivos del M19 y el EPL; debe proponerse un modelo de negociación suficientemente inclusivo y multilateral; deben estar presentes los recursos financieros adecuados para poder sostener las promesas que hagan las partes; deben entenderse bien las intenciones y las razones de ser de cada parte para poder reconocerlas y satisfacerlas en los acuerdos mutuos que se logren; tiene que crearse una cultura de pactos y de confianza profunda para poder avanzar hacia una paz que sea sostenida en el tiempo.

Lo que es importante destacar es que esta es la fase con mayor posibilidad de generar acuerdos de paz sustanciales y duraderos en el tiempo. También es preciso resaltar que, en este ciclo del *conflicto huella*, la posibilidad de la paz está fuertemente alineada con las condiciones macrohistóricas; sin embargo, representa una ventana de paz que, si no es aprovechada adecuadamente y de manera cercana en el tiempo, puede llevar rápidamente a un tercer ciclo de guerra ciega que hemos denominado conflicto cicatriz.

Como el nombre indica, el *conflicto cicatriz* se caracteriza por una serie de secuelas que pueden emerger rápidamente por la falta de un acuerdo de paz cuando la situación era más propensa o, posiblemente siendo incluso peor, el conflicto cicatriz puede emerger por la situación de un proceso de paz que llega a un estado avanzado, pero que finalmente falla. Esta situación es altamente problemática puesto que, como hemos analizado, es propensa a generar una guerra ciega de carácter altamente militarista, donde los sectores políticos de las organizaciones guerrilleras, es decir, los sectores más propensos a los acuerdos negociados son desplazados.

En esta situación, el liderazgo conceptual se erosiona y se abre un ciclo de dominación de los sectores militaristas. Por tanto, a diferencia de la guerra sorda del primer ciclo del conflicto de camino –las fuertes presiones ideológicas que conectan lo macro con lo micro hacen que las partes lleven a cabo la guerra sin escuchar a la otra parte y sin buscar acuerdos– el tercer ciclo del *conflicto cicatriz* se caracteriza por una guerra ciega –la nueva guerra se despoja de las motivaciones conceptuales, romanticistas e ideológicas para dar paso a una guerra basada en la desconfianza y el sentimiento de traición por la otra parte.

De la misma manera que se señalan tres ciclos del conflicto, también pueden identificarse tres ciclos en cuanto a las diferentes posibilidades de negociar la paz: 1) la inmadurez de la paz; 2) la madurez de la paz; y 3) la decadencia de la paz. Durante el conflicto de camino hablamos de una inmadurez de la paz, pues las condiciones macrohistóricas y conceptuales no plantean las negociaciones como una salida adecuada a la guerra y nos encontramos en una etapa de guerra sorda.

Posteriormente, durante el conflicto huella, es cuando se alcanza una madurez de la paz y, por tanto, la mayor posibilidad de acordar una paz duradera en el tiempo ante un contexto macrohistórico favorable. Finalmente, si el acuerdo de paz fracasa, la madurez de la paz se convierte en una decadencia de la paz de guerra ciega y de amargura en la que no pesa tanto lo ideológico en sí como las desconfianzas, odio o los sentimientos de traición. Podríamos, entonces, hablar de la paz, a modo de alegoría, como los ciclos de maduración de una fruta como la manzana. Entonces, los cambios macrohistóricos son como las estaciones, en este caso de numerosos años, que llevan a procesos de maduración y de descomposición parecidos.

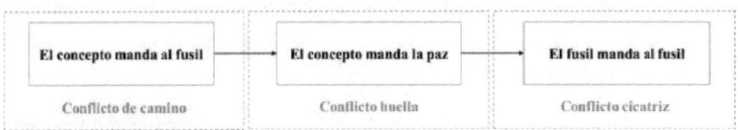

Figura 4. Etapas conceptuales del conflicto (elaboración propia)

Uno de los aspectos interesantes es que la lógica del conflicto en cada etapa es altamente distinta. Durante el *conflicto de camino*, lo conceptual e ideológico tiene mayor peso dentro de las organizaciones guerrilleras llevando a una situación en la que el concepto manda sobre el fusil (adaptación de cita en la IR, 2022). Es decir, los sectores políticos dominan sobre el sector militar, pero ambos se encuentran claramente dispuestos a la acción bélica.

Por el contrario, durante la etapa del *conflicto huella*, la guerra aún persiste por razones sobre todo prácticas, pero el concepto manda la paz pues los grupos guerrilleros formulan sus posturas de paz ante un mundo que ya no justifica de manera clara la continuidad de la lucha armada.

Finalmente, si los procesos de paz fracasan durante la etapa del conflicto huella, la consecuencia será un nuevo ciclo que hemos nombrado *conflicto cicatriz*, durante el cual, los sectores militaristas de las guerrillas dominan a los sectores ideológicos que han fracasado en sus posturas políticas, comenzando una situación en la que el fusil manda el fusil. Expresado de manera tautológica, esta expresión pone el énfasis en que el fusil, es decir, el sector militar, comienza a dominar de manera clara y contundente la acción política de la organización guerrillera.

LA METAFÍSICA DEL CONFLICTO

Una de las lecturas principales que pueden hacerse de las diversas entrevistas con expertos y la posterior comparación con los motivos que llevaron a los diferentes grupos guerrilleros a buscar la paz o, por el contrario, a continuar con la lucha armada puede encontrarse en las reflexiones internas que se realizan sobre el rol de la organización y su razón de ser como institución guerrillera. Es decir, cada organización desarrolla una razón de ser, una especie de identidad colectiva, una seña y unas creencias profundas que auto justifican su existencia en el mundo y en el país en el que tratan de tomar el poder. Este elemento, una suerte de 'ego colectivo', de constitución de una persona ficticia, con motivaciones propias, con personalidad propia, ha sido uno de los elementos menos estudiados sobre las guerrillas. Se podría hablar de una especie de metafísica del conflicto, una conexión intersubjetiva definida por un discurso, un relato y una narrativa sobre la razón de ser a la que se disponen los diferentes miembros que integran cada organización guerrillera.

Como hemos intentado exponer, cada organización guerrillera desarrolla una bandera principal, una matriz ideológica que define un marco conceptual por el cual se (auto)justifica, a nivel intelectual su existencia como grupo armado; no obstante, de la misma manera, especialmente con el paso del tiempo y ante la posibilidad de que no sea posible ganar en el campo de batalla, las organizaciones guerrilleras acaban por desarrollar una serie de ideas sobre qué debe pasar para que la lucha armada ya no se considere que sea justificada.

Es decir, se definen una serie de ideas sobre qué concesiones por parte del estado y del gobierno significarían que su meta vital, su objetivo matriz y, por tanto, su razón de ser haya sido satisfecha de manera que puedan dejar de existir como organización armada para pasar a otras tareas desde la institucionalidad.

Como muestran los capítulos anteriores, esta lógica y auto justificación y racionalización del propio ser ha estado presente en todos los grupos guerrilleros de Colombia. Por la misma regla de tres, bajo determinadas circunstancias la paz ha sido posible con todas las organizaciones guerrilleras, puesto que había ideas claras sobre los cambios que justificaría una dejación definitiva de las armas. Como ha sido discutido, para las FARC esta gran bandera era la reforma agraria, lo que explica que el proceso de paz de La Habana tuviera buenas posibilidades de, al menos, tener un éxito relativo puesto que hacía justicia en la cuestión de la reforma agraria incluyéndolo en el primer apartado de los acuerdos paz.

De manera similar, la gran bandera del EPL a comienzos de los 90 fue la reforma constitucional y, una vez que esta reforma se dio, la paz fue posible de manera duradera con la inmensa mayoría de los frentes y con una cuota de dejación de armas cercana al 95 por ciento (una cifra similar a la de las FARC tras los acuerdos de La Habana). Para el M19, la bandera principal fue una reforma democrática, algo que resultó ser altamente compatible con la reforma constitucional que culminó en 1991. Para estos tres casos las banderas principales tuvieron un rol central en el éxito relativo de los diferentes procesos de paz que se firmaron.

Por el contrario, como ha sido analizado, el repetido fracaso de entender la bandera del ELN por gobiernos como el de Samper, Pastrana o Santos fue un aspecto clave para que la paz no siguiera adelante. Es debatible si realmente se trataba de una falta de entendimiento o una falta de voluntad de satisfacer las demandas del ELN; pero lo que, en cualquier caso, parece cierto, es que no reconocer y no hacer hincapié en la bandera central del ELN de la celebración de una Convención Nacional o Asamblea Popular Nacional fueron razones clave para una situación donde nunca se ha conseguido firmar la paz con el ELN (hasta el año de referencia de 2024 de esta libro) y, tan solo, se han conseguido alcanzar acuerdos parciales con el ELN durante diferentes etapas como los pactos humanitarios alcanzados durante el gobierno Samper.

Es interesante considerar que estas banderas tienen un alto grado de simbolismo, convirtiéndose en una narrativa intelectual que ayuda a justificar la continuidad de la organización y la persistencia de la lucha armada como el método para alcanzar los objetivos. En una lógica puramente consecuencialista, los grupos armados sostienen que la violencia es un mal necesario y la única vía para alcanzar unos objetivos superpuestos.

Por tanto, para poder justificar algo que parece inherentemente malo, los grupos necesitan de estas banderas como una matriz central que informa su discurso político interno y externo, asegurando una cohesión entre mandos y un proyecto común para todos los operativos. Por tanto, la verticalidad y la jerarquía bebe de los niveles conceptuales.

También son estas banderas las que dotan de autoridad político-moral a los líderes de la organización y racionalizan las acciones guerrilleras colectivas. Lo conceptual, por tanto, es el elemento central para la continuidad de una guerrilla, siendo incluso mucho más importante que la situación militar sobre el terreno. Obviamente, una mala situación militar puede producir un momento de reflexión conceptual, pero es importante resaltar que lo conceptual es lo que finalmente decide si se persiste en los esfuerzos de la guerra.

Lo conceptual es especialmente relevante en aquellos casos donde la guerra no se puede resolver militarmente y ninguno de los bandos adquiere una ventaja decisiva. De este modo, las banderas conceptuales de las organizaciones juegan un papel fundamental y cualquier gobierno que quiera lograr una paz duradera debe prestar mayor atención a este nivel. Uno de los impedimentos para la paz ha sido durante décadas en Colombia la falta de voluntad política de buscar una solución integral con todos los grupos cuando las partes se encontraban en un momento muy propenso para una paz real.

Como ha sido analizado, fue especialmente durante el proceso de la Constituyente donde hubo una oportunidad real de resolver el conflicto de manera multilateral, pero se falló a la hora de adoptar instrumentos de negociación más apropiados en cuanto a la multipolaridad del conflicto que se trataba de resolver.

Del mismo modo, jugó un papel central la capacidad del gobierno de entender las banderas de las organizaciones guerrilleras y la voluntad de honrar las banderas y demandas históricas guerrilleas en la nueva realidad del país. De hecho, uno de los aspectos clave para el entendimiento con el M19 y el EPL fue reconocer que el bipartidismo del Frente Nacional ya no cumplía los estándares democráticos y que era precisa una reforma más profunda a través del proceso constituyente.

Curiosamente, la crisis del bipartidismo llevó a un momento de mayor cercanía conceptual entre el M19, el EPL y el gobierno, ya que estaba haciéndose fuerte la idea de que las instituciones tenían que ser reformadas y el bipartidismo debía abrirse a otras opciones democráticamente elegidas.

Guerrilla	Bandera	Desarrollo temporal
FARC	Reforma agraria	Bandera clara desde el comienzo. Incorporación posterior de otras cuestiones; pero la reforma agraria sigue vigente como principal demanda histórica y primer punto de negociación. Lo que cambia es la vía propuesta para conseguirlo.
M19	Reforma democrática	Bandera clara de reforma de las instituciones excluyentes del bipartidismo del Frente Nacional. Posturas claras de cómo reformar las instituciones democráticas del país surgen con el tiempo. Existe una adaptabilidad de la vía concreta.
EPL	Proceso constituyente	Bandera clara de reforma profunda de las instituciones políticas del país a través de una nueva Constitución sólo surge en los años 80. Antes la bandera clara era la revolución comunista inspirada en varias corrientes (ejemplo maoísmo).
ELN	Asamblea Popular	La bandera de la Asamblea Popular o la Convención Nacional sólo surge trascurrido el tiempo y con los cambios macropolíticos que se dan a partir de los años 80 y 90. Antes la postura era claramente de una revolución comunista.

Tabla 4. Principales guerrillas de Colombia, sus banderas
y desarrollo temporal (elaboración propia)

Como se describe en la tabla, puede identificarse que, para cada grupo, la evolución es diferente en cuanto a la formulación de sus banderas. Seguramente el grupo con la bandera más clara desde el principio fue las FARC, que siempre habían basado su propia existencia en torno a la cuestión agraria. Incluso, esta bandera, con el paso de los años fue ganando en valor simbólico. Es llamativo que, como ha sido discutido con personas expertas para la confección de este análisis, en los territorios donde gobernaron las FARC ni siquiera se impulsaron grandes reformas agrarias de manera clara y definitiva.

Nos hallamos, más bien, con una idea, un ideal sobre el que se han construido imaginarios y simbolismos profundos pues, aunque fuese el primer punto del Acuerdo de 2016, no es una preocupación nodular en la actual organización. Lo agrario es más una huella y el símbolo de los orígenes campesinos de la organización, es parte de una narrativa, de una identidad que le permite, a la organización, conectar con una visión del mundo enmarcada en una historia más amplia de injusticia rural.

Para el ELN la bandera principal siempre había estado ligada a una mayor movilización de las clases populares en la política nacional. Sin embargo, la propuesta concreta de paz que se consideraría viable por parte del ELN no fue tan clara desde el principio y tuvo que darse el colapso global del bloque comunista para que concretaran de manera más precisa su propia bandera de paz. Aquí encontramos un punto clave pues, realmente, lo que cambia no es tanto la bandera o el objetivo principal –la reforma agraria para las FARC o la mayor participación de las clases populares en la política nacional para el ELN– sino que lo que cambia es el método y la vía propuesta para alcanzar este objetivo.

De esta manera, el reformismo (guerrillero) trató de encontrar modelos bajo los cuales se planteara un reajuste de los métodos ante la creciente opinión que no se daban las condiciones para la revolución. De manera parecida, el EPL y el M19 comenzó a buscar un modelo por el cual se pudiera acabar con el sistema político excluyente en el que la izquierda no tenía acomodo. Es decir, lo que fue la bandera de guerra en su momento –hay que hacer la revolución para poder hacer la reforma agraria en el caso de las FARC– se convierte en la bandera de la paz: la paz ayudará a hacer la reforma agraria puesto que a través de las armas no se puede (Grabe, 2016).

En este punto, es preciso conectar la idea de que cada guerrilla tiene una bandera principal con la discusión anterior sobre el concepto del conflicto huella. Es especialmente en este momento de conflicto huella, donde se abren las posibilidades de una paz integral, que las banderas de la guerra transitan hacia banderas de la paz y, por tanto, se comienza a formular las condiciones necesarias para hacer la paz definitiva y proclamar el fin de la lucha armada.

Es decir, durante los comienzos de un conflicto huella, en momentos de crisis interna y de reflexión sobre la razón de ser de la guerrilla en cuestión, es cuando se consolidan las banderas más concretas que sirven como mecanismo de paz. O, dicho en otras palabras, durante el ciclo del conflicto huella, las guerrillas consolidan una agenda concreta para satisfacer su bandera a través de un pacto y compromiso a gran escala con el estado.

De esta manera, las banderas sólo se consolidan en momentos de crisis interna y de profunda reflexión y la bandera de la lucha se convierte en una bandera de la paz ligada a un programa más concreto sobre las condiciones de la paz, ya que las condiciones de la lucha se perciben como inexistentes (no hay ya razones suficientes para mantener la lucha armada) o agotadas (no se logra vencer al enemigo).

Las guerrillas a la hora de transitar hacia modelos de paz aceptable no renuncian a lo conceptual, pero sí a las armas como el método indicado para conseguir una satisfacción de su ontología y su razón de ser. Por tanto, desde la perspectiva del gobierno, el elemento más crucial a la hora de comenzar un proceso de paz con una guerrilla interna es el de tratar de entender la bandera principal de la guerrilla en cuestión, el grado de simbolismo ligado a dichas guerrillas o si, por el contrario, se trata de una bandera muy concreta y práctica como la aprobación de una nueva Constitución a nivel nacional.

Comparando la experiencia del M19, del EPL, las FARC y el ELN, resulta paradójico que fuera más fácil alcanzar un acuerdo duradero con el M19 y el EPL a principios de los años 90, cuando las banderas de estas organizaciones, bajo el proceso constituyente, significaron una remodelación inmediata de las reglas de juego democráticas del país; mientras que, en los años 90 y en la entrada al nuevo milenio, le resultó imposible a diferentes gobiernos colombianos satisfacer las demandas que emanaban de las banderas principales de las FARC (reforma agraria) y el ELN (participación popular), cuyas banderas, en realidad, contaban con un mayor grado de simbolismo puesto que Colombia se había urbanizado y que la participación popular era un concepto altamente subjetivo y para el que se podrían haber encontrado muchos modelos.

Hubo, entonces, una mala lectura política que ha pensado, de manera errónea, que ceder a estas peticiones significaba deshacerse del sistema político imperante; algo que parece poco probable si partimos de que las guerrillas estaban en una profunda transición hacia el reformismo. Faltó entonces, principalmente, una voluntad política de honrar las banderas principales de sus enemigos, aunque fuera a base gestos con su historia y sus creencias profundas que habían desarrollado a lo largo de varias décadas de lucha armada. No se entendió la dimensión de la cuestión, lo que provocó una situación en la que el gobierno fue más propenso a acceder a lo que sí suponía cambios sistemáticos que a cuestiones de reformas que eran perfectamente viables dentro del marco de la constitución, incluso la de 1886.

Es cierto que la consolidación de las banderas de cada guerrilla de Colombia tuvo, hasta cierto punto, otros tiempos de maduración como propuesta ligada a un programa claro. Sin embargo, la consolidación final de la bandera de la paz que era aceptable para cada grupo vino de manera casi simultánea. La definición de la bandera llega sobre todo en un momento de crisis, de pensar si sigue habiendo una razón de ser como organización en un momento donde ya no existe un bloque comunista consolidado. Entonces, hay una estrecha relación entre la formulación de banderas guerrilleras y los momentos macrohistóricos como Cuba en el 59 o la caída del muro de Berlín.

Los acontecimientos internacionales macrohistóricos de la entrada a los años 90, presionaron fuertemente a las auto-reflexiones, a la revisión del rol de las organizaciones guerrilleras y el cuestionamiento de su razón de ser en Colombia y, de manera más amplia, en un mundo donde la causa comunista parecía estar en declive. Pero estas presiones, sobre todo intelectuales y conceptuales, tardan en irrigar las estructuras guerrilleras con nuevas inquietudes y visiones sobre su rol en el mundo.

De Krippendorff a Lijphart

Otro de los resultados de los capítulos anteriores es que el diseño de todos los procesos de paz en Colombia fue inapropiado. Durante las décadas que se han probado iniciativas de paz desde la etapa de Betancur, todos los procesos de paz se han planteado desde la bilateralidad cuando el conflicto era altamente multipolar, llevando a situaciones en las que la paz con determinados grupos no podía generar una paz completa e, incluso, dejaba vacíos importantes para que una serie de otros grupos armados tomaran el espacio de poder que habían dejado los grupos armados que sí habían concluido una paz. Se formula, por tanto, la hipótesis que diseños más consociativos y realmente multilaterales podrían ser un método mucho más eficiente a la hora de consolidar la paz en Colombia.

El único proceso de paz con cierto grado de multilateralidad fue el que se llevó a cabo con el M19 y el EPL al confluir los procesos de paz en un proceso constituyente que aprobó la Constitución de Colombia de 1991, en la que participaron una variedad de actores sociales, antiguos grupos armados y milicias. El problema fue que, al no lograr una negociación dentro del marco de la constituyente con las FARC ni el ELN, esta paz no fue lo suficientemente multilateral y destinó a la continuidad de la guerra.

Tampoco se han probado modelos de paz en los que se negociara tanto con las guerrillas como los grupos paramilitares. Esto es llamativo, pues, aunque la naturaleza de cada grupo sea muy diferente, a nivel lógico esta es la única manera de hacer la paz cuando son actores que compiten en una misma guerra y un mismo espacio de poder y contienda militar. La realidad es justo la contraria, ya que los diferentes gobiernos han optado siempre por negociaciones en paralelo y, en las únicas ocasiones que se plantearon modelos más amplios –como en la posible negociación del gobierno Gaviria con la Coordinadora Guerrillera o la posible negociación conjunta del gobierno Santos con las FARC y el ELN– la decisión final siempre ha sido separar y llevar a cabo negociaciones paralelas en desconexión.

Esta fórmula inadecuada para un conflicto cuya esencia es justamente opuesta a la bilateralidad[1], es probablemente una de las razones principales por la cual la paz completa nunca ha llegado a buen puerto cuando las posibilidades para ello eran muy altas; especialmente a principios de los años 90 en la etapa en la que Colombia se encontraba en el ciclo del conflicto huella (véase arriba).

Es decir, un conflicto que ya no era congruente con el momento macrohistórico y en el que hubo fuertes presiones para que las principales guerrillas del país adoptaran posturas de paz duradera. En este momento decisivo, el mal diseño de las negociaciones que tuvieron que haber sido multilaterales y más generosas a la hora de definir el número de delegados que podían enviar cada grupo guerrillero a las negociaciones provocaron que los intentos de paz fracasaran con las FARC y el ELN.

Este fracaso de un acuerdo de paz duradero con estos grupos supuso el tránsito de un conflicto huella a un conflicto cicatriz, llevando a una guerra ciega como consecuencia directa de las confianzas que generó este mal diseño de las negociaciones, la falta de protección y garantías para los cuadros políticos de la UP y la falta de acuerdo más allá de la Corriente de Renovación Socialista dentro del ELN, privando a esta guerrilla de sus cuadros políticos que eran propensos a negociar la paz con el estado.

Como ha sido discutido anteriormente, unas negociaciones multilaterales con los diferentes grupos armados de manera simultánea deberían haberse basado en principios consociativos. Es decir, los mecanismos de reparto de poder consociativos no sólo deben estar presentes a nivel institucional en la etapa del posconflicto como ha sido ampliamente debatido en la literatura académica, sino que, de la misma manera, los instrumentos de reparto de poder consociativo pueden ser muy interesantes para producir un modelo de negociación de paz exitosos y duradero en el tiempo que facilite, además, esta transición hacia unas instituciones consociativas en la etapa del posconflicto. Deben distinguirse diferentes mecanismos concretos que existen para conseguir que unas negociaciones de paz sean consociativas.

Primero, en cuanto a las grandes coaliciones, los procesos de paz deben ampliar el margen de actores que pactan la paz, creando un gran *pacto mul-*

1. Esta forma de negociación bilateral fue una estrategia gubernamental. Si se negocia con todos a la vez, el nivel de exigencia hubiera sido mucho mayor, es decir, las élites políticas tenían que haber cedido mucho más. Dicho de otra manera, el incentivo no era alcanzar la paz sino no ceder mucho en una negociación.

tisectorial. Por ejemplo, nunca se ha probado un modelo de negociación simultánea con grupos guerrilleros y grupos paramilitares. Tampoco se han planteado, como ha sido discutido en capítulos anteriores unos procesos de paz con paramilitares en los que hubiera apoyos de la comunidad internacional: es verdad que organizaciones como USAID, la OIM o la UE han apoyado estos procesos de manera puntual, pero nunca de manera tan directa y extensa como los procesos que se dieron en La Habana[2].

Adicionalmente, debe abandonarse la idea comenzar a negociar primero con unos grupos y luego con otros: un conflicto multipolar no es estático por lo que la ausencia de un actor produce oportunidades para los actores que no deciden desarmarse y participar de la paz.

De este modo, una opción más viable para una paz duradera hubiera sido la creación de mecanismos para una negociación conjunta, por ejemplo, a través de una Coordinadora que esté ampliamente representada, reflejando su diversidad de actores.

Por otro lado, el gobierno debe llegar, de manera necesaria, a grandes pactos con sus adversarios políticos de la oposición del país. En un sistema democrático presidencialista es altamente probable que haya cierta alternancia política por lo que los partidos políticos claves tienen que estar en la mesa de negociación ya sean del partido de gobierno de turno o de los partidos que, de manera más o menos temporal, se encuentran en la oposición, pero son una opción real de partido de gobierno. Incluir a estos partidos de la oposición con un fuerte protagonismo durante el proceso de paz puede ayudar a generar consensos post-legislaturas o, al menos, suavizar la oposición que se haga a la paz una vez sea firmada.

Ningún proceso de paz ha planteado seriamente que políticos opositores estuvieran en la mesa de negociación o, al menos, se crearan mecanismos para aliviar las fuertes presiones contrarias a la paz por parte de grupos dentro del Estado (militares, élites y gobernaciones contrarias a negociar con las guerrillas), fuera del Estado (empresas y empresarios o poderes territoriales contrarios a la paz), o los sectores más conservadores de la sociedad civil colombiana, que cultivaban posiciones contrainsurgentes. No era así porque la política en Colombia se había concebido como un juego de suma cero. No

---

2. La participación internacional en los procesos con los grupos paramilitares ha sido más limitada y, en ocasiones, más bien de apoyo financiero como pasó, por ejemplo, con el apoyo económico que se prestó para financiar el experimento de la Ley 975/2005.

había cultura, ni estatuto para la oposición. Ha sido una cultura política de amigo-enemigo, que hubiera requerido grandes gestos para integrar las diferentes sensibilidades sociales o, al menos, establecer mecanismo para gestionar y mitigar el grado de oposición a un determinado proceso de paz.

De este modo, hay que despolitizar la cuestión y permitir que los partidos de la oposición ganen crédito a través de la participación en estas negociaciones. El gobierno de turno debe tener la altura moral suficiente para entender que su tiempo es limitado y que es preferible dejarle espacio al adversario político de la oposición incluso si esto signifique perder el gobierno en las próximas elecciones. Es decir, al negociar la paz hay que entender que no es una cuestión de un gobierno de turno y su relación con la guerrilla. Negociar la paz es una cuestión de Estado y precisa de "momentos constitucionales", es decir, grandes compromisos que superen la lógica amigo-enemigo. Esta podría ser una de las razones por las que ha sido tan difícil terminar la guerra en Colombia y establecer una paz integral. Mientras siga tratándose la superación de un conflicto multipolar como un asunto de unos pocos, no parece viable que se sienten las bases para una paz real.

Incluso si esta situación lleva a un proceso más lento es preferible pues crea un acuerdo con cierta inmunidad a los vaivenes políticos electoralistas tales como la situación que se dio entre Santos y Uribe durante el referéndum sobre el acuerdo de paz de 2016. La oposición, entonces, debe estar presente desde el principio y ser consultada en todas las etapas de las negociaciones para aspirar a una idea de gran pacto entre fuerzas políticas adversarias.

Segundo, el diseño de un proceso de paz multilateral debería regirse por un *criterio de proporcionalidad* en cuanto a la inclusión de los diferentes actores y el número de delegados u otros representantes que tengan en la mesa de negociación. Es decir, la representación debe ser amplia, pero debe hacerse balance y calcular el número de delegados con derecho a voto en función del peso real de cada actor. Por ejemplo, en vez del modelo que propuso Gaviria donde cada grupo guerrillero hubiera tenido una representación muy baja, debe divisarse un modelo con amplio número de representantes; pero este número no debe ser igual para cada grupo guerrillero.

En la propuesta de Gaviria, por ejemplo, debería haberse incluido muchos más delegados y hacer un ejercicio de balance de representación en función de la fuerza de cada grupo guerrillero sobre el terreno. El cálculo del número de representantes es abstracto, pero algunos criterios como el número de combatientes, la capacidad militar o la implantación geográfica podrían haber servido para establecer números concretos de delegados en la mesa.

De esta manera, las FARC deberían haber tenido una mayor representación para reflejar una situación real donde eran la organización guerrillera más poderosa; mientras que los demás grupos deberían haber tenido menos representantes y por tanto menos capacidad de influencia. Esto puede sonar contraintuitivo pues puede argumentarse que sólo una condición de igualdad era aceptable para los demás grupos.

Pero del mismo modo, dicha igualdad no sería aceptable para las FARC pues argumentarían, como fue el caso, que una representatividad por igual no era justa. Para romper este dilema entre un reflejo de la fuerza de cada grupo y la necesidad de tener mecanismos de igualdad, sin embargo, hay una serie de otros instrumentos para lograr superar este dilema, especialmente a través de los derechos de veto (véase siguiente apartado). Entonces, como primer paso, es relevante que la mesa y el número de delegados refleje la correlación de fuerzas sobre el terreno, pues, por lo contrario, es improbable que los grupos más grandes vean la representación en la mesa como justa y adecuada.

Siendo otro instrumento clave en el ámbito consociativo, como segundo paso, es de gran relevancia que todos los grupos presentes en la mesa de negociación tengan derechos de veto, al menos parciales. Este aspecto es clave pues asegura que funcione la proporcionalidad, pero en ningún caso se atropellen los intereses cruciales de alguno de los grupos. Esta es una manera elegante de compensar el dilema en ser proporcionales e igualitarios a la hora de organizar la voz y el voto de las diferentes organizaciones que se invitan a la mesa.

Esta situación en la que todos tienen una capacidad de veto es propensa a producir una búsqueda de consensos y evita que los miembros de los grupos más pequeños decidan dejar la mesa de negociación, pues no se pueden dar acuerdos que pisen sus intereses fundamentales. Es una lógica parecida a la que utilizan las Cámaras de las Regiones como en Alemania o, incluso más similar, el Consejo de Ministros de la Unión Europea, donde se entiende que Alemania no puede tener el mismo peso que Malta a la hora de votar, pero, al mismo tiempo, hay un derecho a veto en caso de situaciones que vayan en contra de los intereses nacionales fundamentales de los miembros.

De esta manera, hay mecanismos institucionales por los cuales se puede evitar una tiranía de la minoría, mientras también se evita una tiranía de la mayoría. Un acuerdo de paz y el diseño de la mesa de negociación debe reflejar justamente este tipo de equilibrios que favorecen la búsqueda de consenso entre las partes.

Como cuarto elemento consociativo, las mesas de negociación deben tender varias capas de reparto de poder a escala vertical. Es decir, debe haber una representatividad regional y sectorial en las mesas de negociación que segmenten la toma de decisión e incluyan varios mecanismos de negociaciones simultaneas que culminen en un acuerdo multinivel. Incluir en el acuerdo las diferentes sensibilidades de los líderes regionales, de los mandos medios, asociaciones de la sociedad civil, el sector privado y otros actores clave puede facilitar a la hora de construir un acuerdo más fuerte y que, a la hora de la aprobación, cuente con poca resistencia y oposición.

Una de las experiencias del referéndum de 2016 en el que fracasó la refrendación popular del acuerdo de paz entre el gobierno Santos y las FARC es justamente que es peligroso llevar a cabo de una negociación cerrada. Incluso aceptando la idea de que hay ciertas cuestiones que se tienen que acordar al más alto nivel; no hay motivos para evitar una negociación multinivel que minimice las posibilidades de oposición o disidencias.

Lo que sí parece obvio de las diferentes experiencias con procesos de paz en Colombia desde los años 80 es que la peor opción es que determinados actores de relevancia no se encuentren en la mesa de negociación. Por tanto, incluso si algunos de los sectores no se encuentran en la mesa principal es importante que se encuentren en una mesa secundaria o terciaria que tenga una vía de comunicación directa con la mesa principal y que sirva de órgano de refrendación continua durante el proceso de paz.

Es preferible que el proceso de alargue y entre en la siguiente legislatura a tener a partes relevantes por fuera de la negociación y que, al haber sido excluidas, decidan boicotear el acuerdo de paz en su totalidad. La experiencia ha mostrado, por ejemplo, que no incluir a los mandos medios regionales es una de las razones clave para la formación de disidencias.

Como quinto elemento consociativo, es importante incluir instrumentos de *arbitraje imparcial* entre las partes, especialmente para generar mayor legitimidad en los diferentes procesos y, también, para tener mecanismos de resolución de situaciones de bloqueo. En este sentido, la inclusión de actores regionales y de la comunidad internacional pueden ser clave para crear mecanismos de neutralidad que se sitúan al margen de los intereses de cada organización que se encuentra representada en la mesa de negociación.

Como ha sido debatido extensamente en capítulos anteriores la presencia de actores internacionales en procesos de paz puede ser una de las fuentes de compromisos clave pues estos actores ayudan no sólo a la hora de facilitar aspectos logísticos que no pueden ser resueltos por el gobierno, sino que también son una fuente importante de financiación de la paz y de marco para acercar las posturas conceptuales de las partes; generando confianza, apoyando con conocimientos técnicos y arbitrando en situaciones de bloqueos críticos que puedan obstaculizar la paz.

Los cinco instrumentos consociativos que han sido mencionados anteriormente: grandes coaliciones, sistemas de proporcionalidad, derechos a veto, representación segmentada y arbitración neutral por parte de actores internacionales pueden ser mecanismos muy potentes a la hora de diseñar un proceso de paz que sea realmente multilateral y pueda reflejar la multipolaridad del conflicto, la variedad de intereses y la complejidad y diversidad de la sociedad colombiana en su conjunto. Estos instrumentos son conocidos y han sido aplicados en numerosas ocasiones en países que han pasado al posconflicto y tuvieron que diseñar un nuevo reparto de poder a nivel nacional.

Sin embargo, estos mismos instrumentos y, especialmente, la lógica de estos instrumentos es igualmente importante para el buen diseño de un proceso de paz que pueda llegar a ser duradero y exitoso en contextos tan complejos y multipolares como el de Colombia. Lo que en ningún caso ha dado resultados satisfactorios son las negociaciones bilaterales que se han dado durante décadas en Colombia. Esta debe ser una de las principales conclusiones de más de cinco décadas de conflicto y numerosos procesos de paz fallidos, incompletos e imperfectos.

Conclusiones

La cuestión de por qué sigue habiendo guerra fría en Colombia, tras 60 años de conflicto interno con guerrillas comunistas, debe responderse desde una variedad de factores y miradas multinivel que incorporen causas globales, nacionales y locales de manera híbrida y observadas de manera interconectada. Como ha sido analizado en este libro, dos momentos clave han permitido una comparación directa entre los factores por los cuales algunos grupos armados guerrilleros decidieron entrar en la paz antes, mientras que otros se decantaron por una lucha armada prolongada en el tiempo.

Estos dos momentos de intentos simultáneos de paz son el proceso constituyente que culminó a comienzos de los años 90 y los procesos de paz de La Habana entre 2010 y 2016. En ambos procesos, podemos analizar los motivos por los cuales unos grupos firmaron la paz y otros no. Así el M19 y el EPL ya firmaron la paz durante el mencionado proceso constituyente; mientras que las FARC no firmaron la paz hasta 2016 y el ELN a finales de 2024, aún se encuentra negociando la paz con el gobierno.

En primer lugar, hay que diferenciar entre voluntad de negociar la paz y éxito final de un determinado proceso de paz tal como se plantea. Es importante señalar, en este sentido, que todos los principales grupos guerrilleros (M19, EPL, FARC y ELN) comenzaron a desarrollar sus propias propuestas de una paz negociada con el estado a partir de los años 80, coincidiendo con el declive internacional del comunismo y, finalmente, con el colapso de la Unión Soviética como el actor principal del bloque comunista en aquel entonces.

Sin embargo, es importante señalar que la derrota del comunismo internacional no fue completa; países clave, aunque con un comunismo reformado, como Cuba y China, siguieron manteniendo sus regímenes y, aunque es verdad que se adaptaron al capitalismo, no puede hablarse realmente de un final integral de las disputas conceptuales internacionales entre capitalismo y comunismo.

Por tanto, hablar de un final nítido de la Guerra Fría en su escala de debates ideológicos internacionales es incompleto. Justamente ahí se encuentra una de las razones por las que, mientras crecían los incentivos para firmar la paz, si la paz propuesta por el gobierno no parecía atractiva o fallaba por el camino, los grupos guerrilleros tenían la opción de optar por un discurso de resistencia en un marco global donde aún encontraban referentes internacionales como Cuba que justamente se encontraban en esta visión conceptual de resistencia.

Puede afirmarse que, aunque colapsara la Unión Soviética, con la presencia internacional de actores como China y Cuba, la lógica de la Guerra Fría nunca había acabado del todo. Además, como ha sido discutido ampliamente en los capítulos anteriores, cada etapa histórica del sistema internacional imperante deja una serie de secuelas y cicatrices macrohistóricas que son, en gran medida, heredadas por el nuevo sistema internacional. Estas secuelas ideológicas y cicatrices como la desconfianza o los agravios generados por la venganza o los rencores pasados pueden suponer un lastre longevo para las posibilidades de la paz.

Por ello, la presencia de estas secuelas y cicatrices dificultan los procesos de paz incluso cuando las partes, a nivel teórico, están predispuestas a firmar una paz; pero, al no verse derrotados de manera completa (ni a nivel internacional ni nacional) tampoco piensan que puedan aceptar cualquier paz. Podemos hablar, entonces, de tres tipos de conflictos o etapas del mismo conflicto: 1) *conflictos de camino* –los que beben de las batallas ideológicas globales del momento en cuestión-; 2) *conflictos huella* – los que persisten por dificultades prácticas de organizar la paz cuando ya no hay una justificación ideológica tan clara; y 3) los *conflictos cicatriz* –aquellos que se sostienen en el tiempo por experiencias negativas previas con un proceso de paz fallido y un retorno traumático a la guerra bajo altísimos niveles de desconfianza.

Otro factor clave a nivel macrohistórico son los cambios generacionales que se dan en las instituciones guerrilleras, no solo a nivel del relevo entre generaciones de dirigentes de cada organización guerrillera; sino por la llegada, en sentido más amplio, de nuevas ideas políticas e ideológicas que emanan de una nueva realidad internacional. Sin embargo, a nivel local, estas nuevas ideas tardan tiempo en arraigar, especialmente si hablamos de zonas muy remotas que se encuentran aisladas de los cambios de las grandes cuidades que son las que más conexión global presentan.

Así, especialmente en un contexto de resistencia, las guerrillas operan en territorios remotos que frecuentemente son zonas selváticas y montañosas donde las nuevas ideas del mundo tienen más difícil su acceso. Por tanto, un proceso de paz ofrece en sí mismo una nueva posibilidad de socialización con los cambios que se están dando en el mundo y, en este sentido, la presencia de actores internacionales como mediadores o garantes puede jugar un rol clave para cambiar las posturas conceptuales de las guerrillas a través de una actualización de los debates que se dan en conexión con la trayectoria y las perspectivas del mundo.

Es importante destacar que la comunidad internacional ha mostrado diferentes grados de participación en cada proceso de paz, acelerando los cambios conceptuales de los grupos cuando estaban muy presentes como pasó con el rol crítico que jugaron las agencias de la ONU en el proceso constituyente de comienzos de los años 90 y, especialmente, como fue el caso en el proceso de paz con las FARC en La Habana donde la comunidad internacional se volcó para lograr un acuerdo exitoso y jugó un papel clave a la hora de convencer de que el tipo de demandas sociales del nuevo siglo pasaban por otros modos de hacer política y una condena clara a cualquier tipo de violencia.

Por la misma regla de tres, la ausencia de la comunidad internacional en otros procesos de paz llevó a que ciertos grupos no tuvieran la misma posibilidad de actualización. De hecho, un factor relevante ha sido que las FARC firmaran la paz en La Habana y el ELN no lo hiciera porque, habiéndose planteado las negociaciones de manera completamente separadas, tanto el gobierno como la comunidad internacional se centraron en el proceso de paz con las FARC, dejando al ELN en un segundo plano. En el proceso actual con el ELN, la comunidad internacional está muy presente por lo que podría darse una situación mucho más favorable que en 2016 para el ELN.

Visto el conflicto de manera holística, es decir, las dinámicas nacionales del conflicto en su conjunto –con cuatro guerrillas principales, otros muchos grupos armados de autodefensa y numerosos grupos paramilitares– uno de los fallos principales que han llevado a la longevidad del conflicto interno en Colombia ha sido el de no reconocer dicha multipolaridad y complejidad del conflicto por parte del gobierno a la hora de diseñar propuestas de paz. Es decir, las diferentes propuestas de paz que ha planteado el gobierno a lo largo de los años han estado ancladas en negociaciones bilaterales con el liderazgo de cada organización en cuestión, dando lugar a procesos de paz cerrados y paralelos en vez de a una intención de producir una paz amplia que se negociara de manera conjunta y simultánea con todos los grupos principales del conflicto armado o, al menos, se negociara con las diferentes guerrillas principales de manera coordinada.

Los diferentes gobiernos han tratado, por tanto, de resolver una guerra multipolar con negociaciones bilaterales cuando justamente estos marcos de negociación bilateral pierden su sentido y acaban por ser bastante inapropiados al no reflejar la naturaleza multipolar del conflicto en Colombia. Incluso en la propuesta más amplia de una paz conjunta bajo el gobierno de Gaviria, se trató de limitar la dimensión de voces que pudieran participar en un proceso de paz con las cuatro guerrillas principales, como ha sido analizado de manera detallada arriba.

En un contexto donde las cuatro guerrillas principales estaban concretando sus banderas de paz bajo cambios esenciales a nivel nacional e internacional a finales de los años 80 y principios de los 90, este tipo de posturas cerradas a una paz más inclusiva y ampliamente negociada fueron un factor clave para que no todos los grupos entraran a la paz y comenzara un periodo de conflicto cicatriz con altos niveles de desconfianza y lucha ciega puesto que la base ideológica internacional estaba en pleno declive. Así, la guerra fría continuó para las FARC y para el ELN.

A nivel más individual, nos ayuda la visión del politólogo Ekkehart Krippendorff de la política y la guerra como el "juego de los grandes". Estas dinámicas de luchas de ego y de disputas primitivas entre altos cargos del gobierno y comandantes de las guerrillas han estado muy presentes en el conflicto colombiano y han marcado una serie de obstáculos clave a la hora de negociar una paz integral. Sin embargo, al mismo tiempo, debe reconocerse que los altos mandos de las guerrillas no operan en un vacío y tienen importancia también los valores que marcan el rumbo de cada organización guerrillera.

Es decir, todas las guerrillas desarrollan una serie de valores metafísicos en forma de una cultura organizativa que crea lógicas propias de autojustificación de sus acciones y de su existencia, y de su necesidad como organización. Cada guerrilla tiene, por tanto, en el nivel más colectivo, una bandera principal en torno a la que basa sus rituales y sus discursos, además del tipo de paz que considera necesario para poder justificar el cese de las armas, de la acción bélica y dejar de existir como organización.

Muchos gobiernos han fallado a lo largo de la historia del conflicto armado de Colombia a la hora de saber interpretar las banderas principales de cada guerrilla. Cabe destacarse, sobre todo, una incapacidad de llevar a término una lectura de los valores simbólicos de cada organización y la construcción de una paz que valore y rinda homenaje justamente a estos valores simbólicos tan importantes para que una guerrilla pueda renunciar a su lucha de manera permanente al haber visto cumplido su razón de ser tal como la percibe en su sentido abstracto.

Al negociar, los diferentes gobiernos no han tenido suficientemente en cuenta la "metafísica" del conflicto, es decir, la necesidad de conceder una serie de peticiones históricas que marcan el valor simbólico de cada guerrilla. No entender la diferencia entre el sentido práctico y el sentido simbólico de las banderas principales de las guerrillas ha llevado a una situación en la que las guerrillas no podían justificar su dejación de las armas al no haber razones para pensar que su razón de ser había sido concluida y satisfecha.

Lo importante es que al tratarse de valores altamente simbólicos ese coste de ceder para el gobierno era puramente simbólico y, en teoría, fácil de realizar. En este sentido, de nuevo, los egos y las luchas primitivas jugaron un papel importante en todos los procesos de paz fallidos a la hora de negarse ciertos altos cargos a ceder en ciertas posiciones conceptuales puramente discursivas por "orgullo" u otras consideraciones primitivas muy propias de la política de los grandes.

Entre todos los factores anteriores, cabe destacarse uno en particular y es que la Guerra Fría no había terminado, si es que se puede hablar de que jamás hubiera existido puesto que, en definitiva, clasificar la historia en etapas tan estrictas es un artificio conceptual, algo que no existe más allá de nuestras mentes y las decisiones que toman individuos y organizaciones en el día a día.

Una de las conclusiones principales de este libro es que los momentos macrohisóricos persisten y son constructos híbridos que siguen marcando los pensamientos y las relaciones de poder de numerosas generaciones. En este sentido, puede afirmarse –ampliando el argumento– que muchos procesos que se dieron en la Edad Media, o en la época de las revoluciones liberales, o con las grandes guerras mundiales, etc., aún no han terminado, en realidad nuestras sociedades son aún producto de todo ello.

No volvemos a construir cimientos totalmente nuevos cada vez que acaba una etapa histórica, sino que más bien seguimos erigiendo el mismo edificio construyendo nuevas plantas. La historia es como las capas de una montaña que ha ido acumulando fricciones y distensiones desde la antigüedad, creando, cada día, a veces con más ímpetu, a veces con menos, la cadena montañosa de nuestras vidas. Hablar de 60 años de Guerra Fría es, por tanto, una forma artificial de analizar un conflicto artificial, de creencias ideológicas construidas, un realismo mágico que nos ayuda a entender parte de las causas de un conflicto tan longevo como el de Colombia.

Bibliografía

Acevedo Tarazona, Á, & Delgado Díaz, A. (2012). Teología de la Liberación y Pastoral de la Liberación: entre la solidaridad y la insurgencia. *Anuario de Historia Regional y de las Fronteras*, Vol. 17, No. 1, pp. 245-268.

Agudelo Ríos, F. (2016). Derivar enseñanzas para el primero de los afanes nacionales: la paz. En Álvaro Villarraga Sarmiento (Ed.), *Biblioteca de la Paz. Tomo I: Gobierno del Presidente Belisario Betancur*, Fundación Cultura Democrática, pp. 25-30.

Aguilera Peña, M. (2013). Las FARC: Auge y quiebre de su modelo de guerra. *Análisis Político*, Vol. 26, No. 77, pp. 85-111.

Alape, A. (1996). La reinserción del EPL: ¿Esperanza o frustración? *Colombia Internacional*, Vol. 36, pp. 16-27.

Alape, A. (2000). *Manuel Marulanda" Tirofijo": Colombia, 40 años de lucha guerrillera*. Txalaparta.

Alonso, L. G. (2021). La sombra del fraude: El caso de las elecciones de Colombia de 1970 y la creación del M-19. *Revista Aequitas*, Vol. 17, pp. 441-466.

Araújo, L. A. G. (2003). La Rama Judicial frente al conflicto armado. *Revista de Derecho: División De Ciencias Jurídicas*, Vol. 19, pp. 103-118.

Archila Neira, M. (1997). *El Frente Nacional: Una historia de enemistad social*. Universidad Nacional de Colombia.

Ariza Arias, D. (2014). *La zona de distensión del Caguán: Un análisis de los factores económicos, políticos y sociales a partir del concepto de Estado Fallido*. Universidad del Rosario.

Arrendodo Espinosa, A. (2016). *Cubrimiento informativo sobre la toma del Palacio de Justicia de Colombia, en la prensa española, colombiana y estadounidense*. UAB.

Loaiza Cordero, M. I. (2012). *De los movimientos de autodefensa campesina a la conformación de las Fuerzas Armadas Revolucionarias de Colombia (FARC) en el período de 1946 a 1966*. Universidad del Rosario.

Bartrop, P. R., & Totten, S. (2014). *Dictionary of Genocide*. Bloomsbury Publishing USA.

BBC. (2019, Ene 17). Carro bomba en Colombia: Al menos 21 muertos y 68 heridos tras la explosión en la Escuela de Cadetes General Santander. *BBC News Mundo*. https://www.bbc.com/mundo/noticias-america-latina-46910365 (último acceso 2024, 24 de julio).

Bejarano, A., & Pizarro, E. (2010). Colombia: El colapso parcial del Estado y la emergencia de los protoestados. En Luis Javier Orjuela E. (Ed.), *El Estado en Colombia*, Universidad de los Andes, Vol. 1, pp. 381-412.

Beverley, J. (2011). Repensando la lucha armada en América Latina. *Sociohistórica*, Vol. 28, pp. 163-177.

Bonilla Avalos, M. E., Botero Urquijo, D. A., & Sorzano Rodríguez, D. M. (2022). *¿Dónde está la paz territorial?* Sílex Ediciones.

Borda, F., Orlando, G. G., & Umaña, E. (1962). *La violencia en Colombia*. Tercer Mundo.

Boudon, R. (1997). The present relevance of Max Weber's Wertrationalität (value rationality). En Peter Koslowski (Ed.), *Methodology of the social sciences, ethics, and economics in the newer historical school: From Max Weber and Rickert to Sombart and Rothacker*, Springer, pp. 3-31.

Bremmer, I., & Keat, P. (2014). *The fat tail: The power of political knowledge in an uncertain world*. Oxford University Press.

Bulmer-Thomas, V. (1994). *The economic history of Latin America since independence*. Cambridge University Press.

Carmagnani, M. (1984). *Estado y sociedad en América Latina: 1850-1930*. Crítica.

Carrillo, J. D. (2004). Origen y desarrollo de las guerrillas guatemaltecas (1960-1996). *Política y Sociedad*, Vol. 42, pp. 144-183.

Carrillo, V., & Kucharz, T. (2006). *Colombia: terrorismo de estado. Testimonios de la guerra sucia contra los movimientos populares*. Icaria Editorial.

Castro-Gómez, S., & Guardiola, O. (2001). El Plan Colombia, o de cómo una historia local se convierte en diseño global. *Nueva Sociedad*, Vol. 175, pp. 110-120.

Centro Nacional de Memoria Histórica. (2018). *Paramilitarismo. Balance de la contribución del CNMH al esclarecimiento histórico*. CNMH.

Cepeda, I. (2006). Genocidio político: el caso de la Unión Patriótica en Colombia. *Revista Cetil*, Vol. 1, No. 2, pp. 101-112.

Cerón, A., & Castillo, D. E. C. (2019). *Negociando con el ELN: Una mirada desde su complejidad*. Escuela Superior de Guerra.

Chomsky, N., Cortes, B. M., & Becerra, C. M. (2000). Plan Colombia. *Innovar*, Vol. 16, pp. 9-26.

Comisión de la Verdad. (2022). *Hay futuro si hay verdad: Informe Final*. Comisión para el Esclarecimiento de la Verdad, la Convivencia y la No Repetición.

Comisión de Paz & FARC-EP. (1984). *Acuerdos de la Uribe*. https://peacemaker.un.org/sites/peacemaker.un.org/files/CO_840328_Acuerdos%20De%20La%20Uribe.pdf (último acceso 2024, 24 de julio).

Comisión Internacional de Derechos Humanos. (2017, 6 de diciembre). *Informe No. 170/17*, Caso 11.227. Informe de fondo: Integrantes y militantes de la Unión Patriótica Colombia. https://www.oas.org/es/cidh/decisiones/corte/2018/11227FondoEs.pdf (último acceso 2024, 24 de julio).

Comité Nacional de Paz & ELN. (1998). *Acuerdo de la Puerta del Cielo*. https://peacemaker.un.org/sites/peacemaker.un.org/files/CO_980715_Acuerdo%20De%20La%20Puerta%20Del%20Cielo.pdf (último acceso 2024, 24 de julio).

Darío Correa, H. (2019). *El aprendiz del embrujo. Finge la paz, reinventa la guerra y privatiza lo público. Balance del primer año de gobierno de Iván Duque*. Ediciones Antropos.

Cruz Mazzetti, J. (2021). *¿Por qué peligran los acuerdos de paz en Colombia?* CIPEI, Grupo de Estudio de Seguridad y Defensa en Sudamérica (Gesyds).

Cubides, F. (1992). Las FARC (1949-1966) de la autodefensa a la combinación de todas las formas de lucha. *Análisis Político*, Vol. 15, pp. 123-124.

Daza, J. D. (2019). El Frente Nacional revisitado. *Reflexión Política*, Vol. 21, No. 42, pp. 109-128.

de Currea Lugo, V. (2016). *Metiéndole pueblo a la paz*. Ediciones Ántropos.

Delgado Murcia, W. (2020). *Democracia radical y paz Los riesgos en la transformación del conflicto armado colombiano*. Universidad de la Salle.

Rodríguez Contreras, Ana María; Rincón, Angela Ramírez; Forero Linares, Brenda; Serrano Idrovo, Carolina; Sáez Florez, Cristian; Ditta, Elise; et al. (2022). *Cinco años después de la firma del Acuerdo Final: Reflexiones desde el monitoreo a la implementación*. University of Notre Dame.

El Tiempo. (2022, 28 de junio). ¿Por qué Duque no asistirá al informe final de la Comisión de la Verdad? *El Tiempo*. https://www.eltiempo.com/politica/gobierno/ivan-duque-no-asistira-al-informe-final-de-la-comision-de-la-verdad-683279 (último acceso 2024, 24 de julio).

El Tiempo. (2022, 25 de agosto). Eln, saluda' declaraciones de Gustavo Petro sobre retomar diálogos de paz. *El Tiempo*. https://www.eltiempo.com/politica/proceso-de-paz/eln-saluda-declaraciones-de-petro-sobre-retomar-dialogos-de-paz-697421 (último acceso 2024, 24 de julio).

Europa Press. (2022, 15 de agosto). El líder del ELN valora la visita de una delegación del Gobierno colombiano a Cuba. *Europa Press.* https://www.europapress.es/internacional/noticia-lider-eln-valora-visita-delegacion-gobierno-colombiano-cuba-20220815221123.html (último acceso 2024, 24 de julio).

Fajardo Cely, D. M. (2017). *Luchas, resistencias y genocidio del movimiento ¡A Luchar!.* Universidad Nacional de Colombia.

Fortna, V. P. (2003). Scraps of paper? Agreements and the durability of peace. *International Organization,* Vol. 57, No. 2, pp. 337-372.

Fortna, V. P. (2008). *Does peacekeeping work? Does Peacekeeping Work?.* Princeton University Press.

Frey, C. B. (2019). *The technology trap. The Technology Trap.* Princeton University Press.

García Pérez, P. (2020). Organizaciones armadas post Autodefensas Unidas de Colombia: Del pasado contrainsurgente al presente de criminalidad transnacional. 2006-2016. *Izquierdas,* Vol. 49.

García Pérez, P. (2022). *Historia de las Autodefensas Unidas de Colombia (AUC) (1994-2006): Paramilitares y autodefensas en el conflicto armado.* LOM Ediciones.

Gerschenkron, A. (1962). *Economic backwardness in historical perspective.* Cambridge MA.

Gobierno, M19, M-L, EPL. (1984). *Acuerdos de Corinto.* https://peacemaker.un.org/sites/peacemaker.un.org/files/CO_840824_Acuerdos%20de%20Corinto.pdf (último acceso 2024, 24 de julio).

Gobierno & M19. (1990). *Acuerdo Político.* https://peacemaker.un.org/sites/peacemaker.un.org/files/CO_900309_Acuerdo%20Pol%C3%ADtico%20Entre%20El%20Gobierno%20Nacional%20los%20Partidos%20Pol%C3%ADticos%20y%20El%20M-19.pdf (último acceso 2024, 24 de julio).

Gómez-Suárez, A. (2013). La coyuntura geopolítica genocida de la destrucción de la Unión Patriótica (1985-2010). *Estudios Políticos,* Vol. 43, pp. 180-204.

González Posso, C. (2020). *La antirreforma agraria asfixia a la reforma rural integral.* Instituto de Estudios para el Desarrollo y la Paz, Indepaz.

González Posso, C. (2009). *El Caguán Irrepetible.* Instituto de Estudios para el Desarrollo y la Paz, Indepaz.

Grabe, V. (2016). *La paz es más revolucionaria que la guerra. M-19: propuestas de paz y de país.* Universidad de Granada.

Graeber, D., & Wengrow, D. (2021). *The dawn of everything: A new history of humanity*. Penguin UK.

Grupo de Memoria Histórica. (2013). *¡BASTA YA! Colombia: Memorias de guerra y dignidad. Centro de Memoria Histórica*, Bogotá (Colombia). https://www.centrodememoriahistorica.gov.co/micrositios/informeGeneral/descargas.html (último acceso 2024, 24 de julio).

Guerrera, S., & Hege, S. (2022). *Colombia's New Administration Raises Hopes for 'Total Peace'*. United States Institute of Peace. https://www.usip.org/publications/2022/07/colombias-new-administration-raises-hopes-total-peace (último acceso 2024, 24 de julio).

Halperin Donghi, T. (1998). *Historia contemporánea de America Latina*. Alianza.

Harnecker, M. (1988). *Combinación de todas las formas de lucha*. Ediciones Suramericanas.

Hernández, M. (2006). *Rojo y negro: Historia del ELN*. Txalaparta.

Herrera, D. V. (2002). *Jaime Bateman: Biografía de un revolucionario*. Editorial Planeta Colombiana.

Ibarra Melo, M. E. (2008). Guerrilleras y activistas por la paz en Colombia: incursión política y rupturas identitarias. Pensamiento Psicológico, Vol. 4, No. 11, pp. 65-84.

International Crisis Group. (2024). *Colombia*. https://www.crisisgroup.org/latin-america-caribbean/andes/colombia (último acceso 2024, 24 de julio).

Jaimes Vargas, J. (2018). *El Bloque Capital: la historia de las víctimas del paramilitarismo en Bogotá en los años 90*. Universidad Javeriana.

Jan, M. R. (2005). Rompiendo mitos y barreras. La participación indígena en los procesos electorales de Guatemala. *Travaux et Recherches dans les Amériques du Centre*, Vol. 48, pp. 72-89.

Jervis, R. (2013). *American foreign policy in a new era*. Routledge.

Jurado Jurado, J. C. (2015). Guerra y Nación. La guerra civil colombiana de 1851. *Historia Regional y Local*, Vol. 7, No. 14, pp. 99-140.

Krippendorff, E. (1985). *Staat und Krieg: Die historische Logik politischer Unvernunft*. Suhrkamp.

Krippendorff, E. (1999). *Die Kunst, nicht regiert zu werden: Ethische Politik von Sokrates bis Mozart*. Suhrkamp.

Lafuente, J. (2016, 22 de noviembre). Uribe rechaza el nuevo acuerdo de paz entre el Gobierno y las FARC y pide un nuevo plebiscito. *El País*. https://elpais.com/internacional/2016/11/22/colombia/1479819217_374727.html (último acceso 2024, 24 de julio).

Lijphart, A. (1969). Consociational democracy. *World Politics*, Vol. 21, No. 2, pp. 207-225.

Lijphart, A. (1975). *The politics of accommodation: Pluralism and democracy in the Netherlands*. University of California Press.

Lijphart, A. (1999). *Patterns of democracy: Government forms and performance in thirty-six countries*. Yale University Press.

Loingsigh, G. Ó. (2002). *La estrategia integral del paramilitarismo en el Magdalena Medio de Colombia*. Raul Zelik.

López-Martínez, M. (2019). Colombia, saliendo del laberinto. El proceso de paz con las FARC-EP en claves de justicia transicional (2012-2016). *Ayer. Revista de Historia Contemporánea*, Vol. 115, No. 3, pp. 335-350.

Mapping Militants Project. (2024). *Profiles*. https://mappingmilitants.org/profiles (último acceso 2024, 24 de julio).

Marples, D. R. (2016). *The collapse of the Soviet Union, 1985-1991*. Routledge.

Martí I Puig, S. (1997). *La crisis del régimen somocista en Nicaragua (1979-1990). La revolución enredada*. Catarata.

Martín Álvarez, A. (2014). Los orígenes de las Fuerzas Populares de Liberación Farabundo Martí (FPL). En J. Juárez Ávila (Ed.), Historia y debates sobre el conflicto armado salvadoreño y sus secuelas, *Instituto de Estudios Históricos, Antropológicos y Arqueológicos*, pp. 55-63.

Marx, K., & Engels, F. (1948[1848]). *The Communist Manifesto*. International Publishers.

Medina Gallego, C. M. (2008). *FARC-EP Notas para una historia política 1958-2006. Universidad Nacional de Colombia*, Programa Interuniversitario de Historia Política.

Medina Gallego, C. (2010). *Farc-Ep y Eln una historia política comparada (1958-2006)*. Universidad Nacional de Colombia.

Medina Gallego, C. M. (2020). *Fuerza Alternativa Revolucionaria del Común: El largo camino de la lucha armada a lucha política democrática*. Universidad Nacional de Colombia.

Narváez Jaimes, G. E. (2012). *La guerra revolucionaria del M-19 (1974-1989)*. Universidad Nacional de Colombia.

Narváez Jaimes, G. E. (2022). Un siglo de protesta y movilización social en Colombia (1919-2020). *Campos en Ciencias Sociales*, Vol. 10, No. 2, pp. 1-33.

Ocampo, F. C. (1996). *Colombia 1984-1991: De La Violencia Política a Una Paz Negociada*. Universidad Complutense de Madrid.

Olave, G. (2020). *Retórica de la victoria: Oposición política y paz con las Farc-EP*. Ediciones UIS.

Padilla Berrío, M. J. (2017). Los embates por la paz: historia de los diálogos de paz durante el gobierno de Belisario Betancur con los grupos guerrilleros, Colombia. *Revista Forum*, Vol. 10, pp. 85-104.

Palencia, E. (2011). Análisis de los Derechos Humanos en Colombia, Caso: «Falsos Positivos». *Fronesis*, Vol. 18, No. 2, p. 171.

Palomino, S. (2022, 15 de mayo). La violencia en Colombia aumentó durante el Gobierno de Iván Duque. *El País*. https://elpais.com/america-colombia/2022-05-15/la-violencia-en-colombia-aumento-durante-el-gobierno-de-ivan-duque.html (último acceso 2024, 24 de julio).

Paredes, Z., & Díaz, N. (2007). Los orígenes del Frente Nacional en Colombia. *Presente y Pasado*, Vol. 12, No. 23, pp. 179-190.

Pataquiva García, G. N. (2009). Las FARC, su origen y evolución. Revista UNISCI, Vol. 19, pp. 154-184.

Pécaut, D. (2012). *Orden y violencia: Colombia 1930-1953*. Universidad Eafit.

Pedraza, O. H. (2008). El ejercicio de la liberación nacional: Ética y recursos naturales en el ELN. *Revista Controversia*, Vol. 190, pp. 198-241.

Poder Ejecutivo. (1994). *Decreto No. 356 de 1994: Estatuto de Vigilancia y Seguridad Privada*. https://www.supervigilancia.gov.co/publicaciones/211/decreto-356-de-1994-estatuto-de-vigilancia-y-seguridad-privada/ (último acceso 2024, 24 de julio).

Poder Legislativo. (2016). *Acuerdo final para la terminación del conflicto y la construcción de una paz estable y duradera*. https://www.cancilleria.gov.co/sites/default/files/Fotos2016/12.11_1.2016nuevoacuerdofinal.pdf (último acceso 2024, 24 de julio).

Presidencia de la República. (2018). *Biblioteca del Proceso de Paz con las FARC-EP. Tomo I.: Inicio del Proceso de Paz. La Fase Exploratoria y el Camino hacia el Acuerdo General 7 de Agosto de 2010 al 17 de Octubre de 2017*. Oficina del Alto Comisionado para la Paz.

Priestland, D. (2010). *Bandera roja: Historia política y cultural del comunismo*. Crítica.

Ramírez, G. I. (2007). Colombia: paramilitarismo y Estado. *Política Exterior*, Vol. 21, No. 118, pp. 32-38.

Regalado, R. (2012). *La izquierda latinoamericana a 20 años del derrumbe de la Unión Soviética*. Ocean Sur.

Regilme Jr, Salvador Santino Fulo. (2018). A human rights tragedy: Strategic localization of US foreign policy in Colombia. *International Relations*, Vol. 32, No. 3, pp. 343-365.

Rettberg Beil, B. A. (2006). *Buscar la paz en medio del conflicto- Un propósito que no da tregua: un estudio de las iniciativas de paz en Colombia (Desde los años 90 hasta hoy)*. Universidad de los Andes.

Rivera, Edgar de Jesús Velásquez. (2007). Historia del paramilitarismo en Colombia. *História*, Vol. 26, pp. 134-153.

Rodríguez Mir, J. (2008). Los movimientos indígenas en América Latina. Resistencias y alteridades en un mundo globalizado. *Gazeta de Antropología, Universidad de Granada*, No. 24/2. https://digibug.ugr.es/bitstream/handle/10481/6928/G24_37Javier_Rodriguez_Mir.pdf?sequence=10 (último acceso 2024, 24 de julio).

Romano, S. M. (2012). Entre la militarización y la democracia: la historia en el presente de Guatemala. Latinoamérica. *Revista De Estudios Latinoamericanos*, Vol. 55, pp. 215-244.

Ronderos, M. T. (2014). *Guerras recicladas*. Aguilar.

Roitman Rosenmann, M. R. (2019). *Por la razón o la fuerza: Historia y memoria de los golpes de Estado, dictaduras y resistencias en América Latina*. Siglo.

Salazar Borda, J. (2005). *La financiación de las FARC: un resultado de su estrategia guerrillera*. Universidad de los Andes.

Sánchez Iglesias, D. E. (2020). El tránsito de la lucha armada a la competición democrática. Los casos del FMLN y la URNG. *América Latina Hoy*, Vol. 84, pp. 69-87.

Sánchez, G. (1995). De las armas a la política. *Revista Foro*, Vol. 26, pp. 97-102.

Sanin, M. P. S. (2015). *When Theft Becomes Grievance Dispossessions as a Cause of Redistributive Land Claims in 20th Century Latin America*. Columbia University.

Santaeulalia, I., & Torrado, S. (2022, 28 de junio). Colombia hace examen de conciencia. *El País*. https://elpais.com/america-colombia/2022-06-28/colombia-hace-examen-de-conciencia.html (último acceso 2024, 24 de julio).

Soriano, J. R. (2013). Ejército de liberación nacional colombiano: Desde la renovación política a la corriente de renovación socialista, 1978-1994. *Revista Divergencia*, Vol. 2, No. 3, pp. 71-88.

Soto Herrera, E. P. (2011). *La incidencia del fracaso del proceso de paz entre el Gobierno Nacional y las Fuerzas Armadas Revolucionarias De Colombia (FARC-EP) en la implementación de la Política Pública De Seguridad Democrática en Colombia, durante el período comprendido entre 1999 y 2006*. Universidad del Rosario.

Strayer, R. (2016). *Why Did the Soviet Union Collapse?. Understanding Historical Change*. Routledge.

Tokatlian, J. G. (2001). El plan Colombia: ¿Un modelo de intervención? *Revista CIDOB*, No. 54/55, pp. 203-219.

UN News. (2022, 14 de julio). New administration in Colombia provides 'tremendous opportunity' to further peace. *UN News*. https://news.un.org/en/story/2022/07/1122502 (último acceso 2024, 24 de julio).

Valencia Agudelo, G. D. (2021). El asesinato de excombatientes en Colombia. *Estudios Políticos*, Vol. 60, pp. 10-25.

Vázquez Puente, U. (2014). El conflicto colombiano: Incidencia de la política de seguridad democrática uribista en la seguridad humana. *Critical Journal of Social and Juridical Sciences*, Vol. 44, No. 4. https://www.redalyc.org/pdf/181/18153277011.pdf (último acceso 2024, 24 de julio).

Vásquez, T. (2010). La seguridad democrática de Uribe (2002-2010). *Cien Días*, Vol. 70, pp. 8-11.

Veillette, C. (2005). *Plan Colombia: A progress report*. Congressional Research Services. https://pdf.usaid.gov/pdf_docs/pcaab285.pdf (último acceso 2024, 24 de julio).

Vélez, M. A. (2001). FARC–ELN: Evolución y expansión territorial. *Revista Desarrollo y Sociedad*, Vol. 47, pp. 151-225.

Vieira, C. (2022, 17 de septiembre). Los avances de Colombia para alcanzar la paz total prometida por Gustavo Petro. *Público*. https://www.publico.es/internacional/avances-colombia-alcanzar-paz-total-prometida-gustavo-petro.html (último acceso 2024, 24 de julio).

Villamizar, D. (2019). *Las guerrillas en Colombia. Una historia desde los orígenes hasta los confines.* Debate

Villamarín Pulido, L. A. (2015). *La Silla Vacía: Análisis político-estratégico del fracasado proceso de paz de la administración Pastrana con las FARC.* Nook Press.

Villamarín Pulido, L. A. (1997). *La selva roja: Nexos del Partido Comunista Colombiano con las FARC.* Nook Press.

Villamarín Pulido, L. A. (2020). *ELN: Teología de la Liberación y terrorismo comunista: Cuadrilla Carlos Alirio Buitrago.* Nook Press.

Villarraga Sarmiento, Á. (2016a). *Los procesos de paz en Colombia, 1982-2014 (documento resumen).* Fundación Cultura Democrática. https://repository.iom.int/bitstream/handle/20.500.11788/769/COL-OIM%20 0298%20D.Resumen.pdf?sequence=1 (último acceso 2024, 24 de julio).

Villarraga Sarmiento, Á. (2016b). *Biblioteca de la paz, 1982-1986. Tomo I: Gobierno del Presidente Belisario Betancur.* Fundación Cultura Democrática.

Villarraga Sarmiento, Á. (2016c). *Biblioteca de la paz, 1986-1990. Tomo II: Gobierno del Presidente Virgilio Barco.* Fundación Cultura Democrática.

Villarraga Sarmiento, Á. (2016d). *Biblioteca de la paz, 1990-1994. Tomo III: Gobierno del Presidente César Gaviria*. Fundación Cultura Democrática.

Villarraga Sarmiento, Á. (2016e). *Biblioteca de la paz, 1994-1998. Tomo IV: Gobierno del Presidente Ernesto Samper*. Fundación Cultura Democrática.

Villarraga Sarmiento, Á. (2009). *Biblioteca de la paz, 1998-2002. Tomo V: Gobierno del Presidente Andrés Pastrana*. Fundación Cultura Democrática.

Villarraga Sarmiento, Á. (2013a). *Biblioteca de la paz, 2002-2010. Tomo VI: Gobierno del Presidente Álvaro Uribe Vélez (Parte 1)*. Fundación Cultura Democrática.

Villarraga Sarmiento, Á. (2013b). *Biblioteca de la paz, 2002-2010. Tomo VII: Gobierno del Presidente Álvaro Uribe Vélez (Parte 2)*. Fundación Cultura Democrática.

Villarraga Sarmiento, Á. (2013c). *Biblioteca de la paz, 2002-2010. Tomo VIII: Gobierno del Presidente Álvaro Uribe Vélez (Parte 3)*. Fundación Cultura Democrática.

Villarraga Sarmiento, Á. (2013d). *Biblioteca de la paz, 1980-2013. Tomo IX: Movimiento ciudadano y social por la Paz*. Fundación Cultura Democrática.

Villarreal, Á F. A., & Barco, G. E. C. (2006). La toma del palacio de justicia: la reparación del daño en eventos de violación de derechos humanos. *Vniversitas*, Vol. 55, No. 112, pp. 317-349.

Walter, B. F. (2002). *Committing to peace: The successful settlement of civil wars*. Princeton University Press.

Zermero Jimenez, A. (2022, 7 de agosto). La histórica investidura de Petro como primer presidente de izquierda de Colombia. *Euronews*. https://es.euronews.com/2022/08/07/la-democracia-multicolor-de-petro-la-investidura-del-primer-presidente-de-izquierda-de-col (último acceso 2024, 24 de julio).

Zuluaga Nieto, J. (2015). El ELN ante la negociación política: agenda reformista, sociedad protagónica. El imperativo de responder a sus especificidades. En Víctor de Currea-Lugo (Ed.), *Negociación Gobierno-ELN: Y sin embargo se mueve*, Ediciones Ántropos, pp. 33-42.

Zuluaga Nieto, J. (1991). Para hacer de los sueños una realidad. *Análisis Político*, No. 12, pp. 61-66.

Entrevistas

Por motivos éticos y por la seguridad de algunas de las personas entrevistadas, se ha acordado que todas las entrevistas permanecerán anónimas. Por ello, se ha usado un sistema de nomenclatura con iniciales aleatorias en las citas directas de arriba, es decir, las iniciales no son las que corresponden al nombre real.

Para evitar que las personas de las citas directas puedan ser rastreadas, se incluye aquí un listado anonimizado sobre los perfiles de todas las personas que han sido entrevistadas en el marco de este proyecto. La lista sigue un orden aleatorio, indicando el año y lugar de realización:

- Excomandante de las FARC. (2022). La Guajira, Colombia.

- Exguerrillero de las FARC. (2022). La Guajira, Colombia.

- Representante político de alto nivel del Partido Comunes, exmiembro de las FARC. (2022). Bogotá, Colombia.

- Excomandante de las FARC, miembro del Estado Mayor. (2022). Bogotá, Colombia.

- Cofundador del M-19. (2022). Bogotá, Colombia.

- Exguerrillero de las FARC. (2022). Santa Marta, Colombia.

- Excomandante de un frente de las FARC. (2022), La Guajira, Colombia.

- Antiguo Alto Comisionado para la Paz. (2023). Reunión online.

- Antiguo Alto Comisionado para la Paz. (2022). Bogotá, Colombia.

- Negociador del gobierno con el ELN. (2022). Reunión online.

- Exrepresentante de Colombia en La Haya (2022). Bogotá, Colombia.
- Miembro del gobierno de Gustavo Petro (2022). Bogotá, Colombia.
- Miembro del gobierno de Juan Manuel Santos (2022). Bogotá, Colombia.
- Exasesor militar del gobierno (2022). Reunión online.
- Exmiembro del ELN (2022). Barranquilla, Colombia.
- Vocero del ELN (2022). Bogotá, Colombia.
- Exmiembro de frente urbano guerrillero (2022). Bogotá, Colombia.
- Exmiembro del EPL (2022). Bogotá, Colombia.
- Miembro del Parlamento Europeo (2023). Bruselas, Bélgica.
- Miembro del CINEPPP (2022). Bogotá, Colombia.
- Exmiembro del grupo paramilitar AUC (2022). Bogotá, Colombia.
- Negociador Internacional con el ELN (2022). Bogotá, Colombia.
- Negociador Internacional con las FARC (2023). Reunión online.
- Negociador con las FARC y el ELN (2022). Reunión online.
- Negociador del gobierno con las FARC y el ELN (2022). Bogotá, Colombia.
- Experto en negociaciones con el EPL, M-19. (2022). Quindío, Colombia.
- Experto en milicias urbanas (2022). Medellín, Colombia.
- Funcionario de país garante (2022). Bogotá, Colombia.
- Experto en los movimientos sociales por la paz (2022). Bogotá, Colombia.
- Profesor universitario en estudios de conflicto, exguerrillero (2022). Santa Marta, Colombia.
- Miembro del Centro Nacional de Memoria Histórica (2022). Bogotá, Colombia.

- Director de documentales sobre el conflicto colombiano (2022). Bogotá, Colombia.
- Profesor universitario, experto en las autodefensas indígenas (2022). Bogotá, Colombia.
- Miembro de la Misión de Verificación de la ONU (2022).
- Experto en el EPL. (2022). Bogotá, Colombia.
- Profesor universitario en temas de paz (2022). Bogotá, Colombia.
- Investigador internacional sobre procesos de paz (2023). Granada, España.
- Experto en los acuerdos de paz en Colombia (2023). Granada, España.
- Exmiembro del M-19. (2022). Bogotá, Colombia.
- Exmiembro del EPL. (2023). Bogotá, Colombia.
- Asesora de Inteligencia y Contrainteligencia en Colombia (2023). Reunión online.
- Profesor universitario experto en procesos con el ELN (2022). Bogotá, Colombia.
- Miembro de Naciones Unidas en Colombia. (2023). Reunión online.